アナログゲーム療育

コミュニケーション力を育てる
～幼児期から学齢期まで～

松本 太一 著

ぶどう社

● この本で使われる
アナログゲームの紹介

> ● 表記
> ゲーム名
> 原版メーカー
> 日本販売元／販売店

ステージ1

1
マイファーストゲーム・フィッシング
HABA（ドイツ）
すごろくや

● ステージ1（P28）
木でできた色とりどりの魚に、磁石がパチン！とつく気持ち良い感触が、子どもたちの感覚的な興味を惹きます。

2
楽しい色並べ
リンゴプレイ社（ドイツ）
（株）エルフ

● ステージ1（P34）
ドイツの言語療法士が作成したゲームです。お子さんが、楽しみながら色の名前を覚えられる工夫がされています。

3
スティッキー
HABA（ドイツ）
すごろくや

● ステージ1（P40）
1本ずつ棒を引き抜いていき、崩したら負け、というゲームです。シンプルなルールでお子さんから大人まで、みんなで楽しめるゲームです。

4
テディ・メモリー
ラベンスバーガー（ドイツ）
（株）カワダ

● ステージ1（P42）
可愛らしいクマの絵が描かれたカード。トランプの神経衰弱と同じルールで遊びます。まずは、自由に手に取り楽しんでもらいましょう。

5
虹色のへび
アミーゴ社（ドイツ）
（株）エルフ

● ステージ2（P52）
美しい色のカードを並べてへびを完成させるゲームです。色とりどりのカードをお子さんに見せれば、興味を持って手に取ってくれます。

6

雲の上のユニコーン
HABA（ドイツ）
すごろくや

● ステージ2（P63）
キラキラした宝石が、子どもたちの興味を惹きつける人気のゲームです。宝石を数える過程で楽しみながら数概念の獲得を促すことができます。

7

レシピ
ホッパーエンターテイメント（日本）

● ステージ2（P69）
身近で大好きな料理が題材になっていることで、集団参加への関心が薄い子も意欲を持ってゲームに参加することができます。

8

メイクンブレイク
ラベンスバーガー（ドイツ）
（株）カワダ

● ステージ2（P70）
空間認知能力が問われるゲームです。レベルが分けられているため、みんながゲームを楽しみながら空間認知能力を鍛えることができます。

9
どれの仲間かな？
リンゴプレイ社（ドイツ）
（株）エルフ

● ステージ2（P72）
「楽しい色並べ」の上級編ともいえるゲームです。「服」「仕事」「果物」など、もの同士のカテゴリ分けを学びます。

10
ファイアドラゴン
HABA（ドイツ）
すごろくや

● ステージ3（P82）
中央の火山が噴火し、ルビーが盤上に飛び散ります。ドラゴンをどう動かせば、たくさんのルビーを取れるかを考える必要があるゲームです。

11
パカパカお馬
HABA（ドイツ）
すごろくや

● ステージ3（P89）
きれいな盤面と大きな馬のコマが目を惹く美しいゲームです。選択の要素があるゲームですが、運の要素も強く、極端な実力差はつきません。

12
インカの黄金
グリフォンゲームズ社（アメリカ）
（株）アークライト

● ステージ3（P90）
古代インカ文明が遺した財宝を得ていくゲームです。危険と報酬を天秤にかける練習ができます。最大で8人まで遊べるのも大きな強みです。

13
すすめ!!海賊さん
すごろくや（日本）

● ステージ3（P91）
2艘の海賊船がゴールを目指して競争する、2人専用のゲームです。シンプルながらも、しっかり考えどころがあるゲームです。

14
かたろーぐ
ちゃがちゃがゲームズ（日本）

● ステージ3（P93）
身の回りにあるカタログで、「好きなものランキング」を作成し、それを当ててもらいます。他者と自分の好みの違いに気付くきっかけになるゲームです。

15
ヒットマンガ
TANSAN FABRIK（日本）

● ステージ3（P98）
マンガの情景に合わせたセリフを考えて、まわりに伝えるゲームです。自分の伝えたいことをわかりやすく相手に伝える練習として最適です。

16
私はだあれ
LOGIS（リトアニア）
すごろくや

● ステージ3（P102）
はい／いいえで答えられる質問を重ねて、正解を当てるゲームです。気軽に他の子とのコミュニケーションを体験するのに適したゲームです。

17
キャプテン・リノ
HABA（ドイツ）
すごろくや

● 指導編（P111）
カードを使って高いタワーを組み立てていきます。見た目のインパクトがあり、ゲーム参加に不安を感じているお子さんにも興味を持ってもらえます。

指導編

18

バウンス・オフ！
マテル（アメリカ）
マテル・インターナショナル

● 指導編（P114）

ボールを投げ入れて、決められた形に並べることを目指します。回数を重ねるごとに自分が上手くなっていく楽しさを感じることができます。

19

イチゴリラ
すごろくや（日本）

● 指導編（P115）

神経衰弱のルールがもとになっているため、何をすればよいのか、どうすれば勝ちなのか、見通しがつきやすく安心して遊ぶことができます。

20

ナンジャモンジャ
SIMPLE RULES（ロシア）
すごろくや

● 指導編（P118）

カードに描かれた奇妙な生物に、自由に名前を付けていきます。勝負に勝つだけでなく、面白い名前を付けることでも活躍できるゲームです。

アナログゲーム療育
開発のきっかけ

～まえがきに代えて～

　私が発達障害児療育を学んだのは、東京学芸大学大学院の太田昌孝先生のもとでした。児童精神科医の太田先生は、自閉症児を対象とした療育手法「太田ステージ」の開発者です。私は、太田先生の指導のもと、東京大学医学部附属病院で自閉症児の療育に関わったり、通常学級に在籍する発達障害のあるお子さんを対象とした、ソーシャル・スキル・トレーニングの研究を行っていました。

● "落ち着く" だけの支援でよいのか

　大学院を卒業後、小学校の心理相談員の仕事を始めました。当時、発達障害のあるお子さんへの支援は、トラブルをいかに減らし集団に適応させるか、という考え方が主流でした。発達障害のある子が特別支援を受けてトラブルが収まると、担任の先生と私は、顔を見合わせて「○○くん、落ち着いたね」と喜び合ったものです。

しかし、こうした支援を続けるうち、拭いがたい疑問が生まれてきました。「この子たちは、『落ち着く』だけでいいのか？」という疑問です。

学校とは、本来子どもたちが大人になった時、「自立して暮らしていく力を身に付ける」場所なのではないか。「教室に適応しトラブルなく日々を過せたというだけでは、学校としての役割を果たしたことにならないのではないか」と考え始めたのです。

● 子どもの学習支援から大人の就労支援へ

そう思った私は、学校から離れ、今度は発達障害のある大人の就労支援に関わる仕事に就きました。社会的自立の重要な条件である就職の現状を知らずして、教育や支援の成果を語ることはできないと思ったからです。

特に人材紹介会社の障害者部門で、精神・発達障害のある人を企業に紹介する営業マンとして働いた経験からは、多くのことを学びました。

就労支援の仕事を通じて、企業の人事担当者と接する中で、

― 「企業は、障害のある求職者に何を求めているのか」
― 「採用される人とそうでない人とは、何が違うのか」

といった、就職のシビアな現状を目のあたりにしました。そのことが、アナログゲーム療育開発のひとつのきっかけになっています。

● 企業が求めるコミュニケーション力とは

　企業が障害のある求職者に求めているのは、ひと言で言えば「コミュニケーション力」でした。

　就職で求められるコミュニケーション力というと、「面接場面でも緊張せずに話せる」、「わかりやすく自分の強みをPRできる」といったふうに、「話す」「伝える」といった出力の要素を想像される方が多いのではないかと思います。

　しかし、就労の現場で障害のある人たちに求められていたのは、それとは少し違った能力でした。そのことを感じたエピソードを2つご紹介します。

● エピソード1

　障害のある人を多く雇う特例子会社の面接に立ち会った時のエピソードです。

　面接を担当する人事部長が、「みなさんは自身の障害について、会社にどんな配慮を求めますか？」と質問しました。これは障害者雇用では必ず聞かれる質問なので、求職者の方は必ず答えを用意しています。

　例えば、ADHDの人は、「口頭で指示をされると忘れてしまいがちなので、メールかメモで指示してもらえるとありがたいです」、ASDの人は、「複数の人から同時に指示を出されると混乱してしまうので、1人の人から指示を出してほしいです」といった具合です。

こうした求職者の答えを聞いた人事部長は、重ねてこのような質問をしました。

「では、みなさんが今お話しした配慮を、上司や同僚が忙しくしている時でもお願いできますか？」

この問いに、求職者のみなさんはしばらく考えてこんでいましたが、うつ病などの精神障害ある方は、「言わないと迷惑がかかってしまうので、多少無理してでも言います」、「ことばで言えなければメールで伝えます」など、何かしら答えることができていました。しかし、発達障害の人は、臨機応変な受け答えが難しく、答えられない人が多かったのです。

この質問で、「組織の一員として働くイメージが具体的にできているかどうか」が、明らかになってしまった印象でした。

● エピソード2

5人1組のグループ面接に立ち会った時の出来事です。担当である人事部長の質問に、障害のある求職者のみなさんが順番に答える形で進みました。「なぜ、当社を志望されたのですか」、「どんな仕事を望みますか」といった質問に、求職者の方々は的確に答えていきます。知らない人が見たら、その様子を障害者雇用の面接だと気付く人はいないでしょう。

全部で4組、計20人の面接が終わったあと、私は人事部長にその日の感想を聞きました。すると、「今日採ってもいいと思えたのは2人しかいなかったな」と意外な答えが返ってきました。私が、なぜその2人なのかと聞くと、「今日は

グループで面接したけれど、私が他の人と話しをしている時、その話を聞いているのが2人だけだった。残りの人は、自分が何を話すか必死に考えているか、単にボーっとしているだけだった。そういう人と一緒にチームで働いていくのは厳しいんだよね」と。この人事部長は、求職者が直接会話をしていない時の態度に注目していたのでした。

　こうした経験から、障害のある求職者に企業が求めているのは、「状況の変化に合わせて臨機応変に振るまえること」や、それができるために「周囲の状況に関心を持ち続ける」といったことであるとわかりました。
　そして、こうした能力は、私が大学院で学んだ「こういう時にはこうする」式の行動パターンを教えるソーシャル・スキル・トレーニングだけでは身に付けることはできない、と痛感したのです。

● 再び療育の現場へ

　私は、発達障害のある人たちがこうした力を身に付けるためには、子どものうちから人と関わる経験を積む必要があると考えました。そこで、放課後等デイサービスという、障害のあるお子さん向けの学童＋療育機関ともいうべき施設で、再び療育に携わることにしました。
　教室にやって来るお子さんたちは、小学生から高校生まで、日に10人程度です。

障害の程度は様々で、かろうじて発話が認められる程度の重い知的障害のある子から、知能が高く同年代の子と考え方が違いすぎて学校が面白くなく不登校になっている子までいました。

　これだけの差があるお子さんたちに、毎日、安全に楽しく、しかも将来役立つ実践的なコミュニケーション力が身に付く療育を提供するためには、今までにない新しい方法を開発する必要があると思われました。そんな時に出会ったのが、アナログゲームです。

● アナログゲームとの出会い

　アナログゲームとは、カードゲームやボードゲームなどのコンピューターを介さないゲームのことです。出会ったきっかけは、私が勤めていた放課後デイサービスの教室から近くにある「すごろくや」(P159) というアナログゲームの専門店に入ったことでした。

　そこには、小さな箱に入ったカードゲームから、美しいコマやボードを揃えた大型ゲームまで、それぞれ独自のルールと面白みを備えたゲームが何百種類も取り揃えられていました。

　そのうちのいくつかのゲームを試遊した私は、「ゲームを使って子ども同士で関わり合う場を作れれば、その中で実践的なコミュニケーションを学んでもらえるのではないか」と考えました。

● 子どもたちの変化

　早速、デイサービスでいくつかのゲームを療育に導入したところ、お子さんたちがパッと笑顔を見せてくれました。手応えを感じた私は、お子さんに身に付けさせたいコミュニケーションスキルに合わせて、次々新しいゲームを導入していきました。

　療育にアナログゲームを導入してから半年ほどで、お子さんたちには明らかな変化が見られるようになりました。様々なゲームを一緒に遊んだお子さんたちは、「ルールを守り合って楽しむ」経験を通じ、自らの意思で、場の状況や相手の参加者の意図を読み取って動けるようになってきました。

　障害者就労に関わる中で、私が必要だと感じた「コミュニケーション力」を発揮できるようになってきたのです。

● お互いを気遣い合う雰囲気が

　教室は、様々な年齢や発達段階のお子さんたちが、のびのびと過ごすことができ、それでいてお子さん同士がお互いを少しずつ気遣い合う雰囲気ができていきました。そこは、学校で辛いことの多いお子さんにとって、「安心できる居心地の良い場」でした。

　あるお子さんが、教室に入って来るなり床に大の字に寝転がって「もう、ここが学校でいいよ」とつぶやいたことが印象に残っています。

もうひとつ、予想だにしなかったことがありました。周囲への関心が薄く、ブロックやパズルなどのひとり遊びしかしなかった自閉症のお子さんが、集団参加できるようになったのです。障害のために友達を作るのは難しいと思っていた子が、アナログゲームを通じて、いつの間にか他の子どもたちと一緒に遊んでいたのです。

● フリーランスでアナログゲーム療育の実践・啓発へ

　アナログゲームを使った療育に手応えを感じた私は、このノウハウをもっと広めたいと思い、「アナログゲーム療育アドバイザー」として独立し、この療育法の研究と啓発を行うことにしました。

　現在は、放課後等デイサービスに加え、成人向けの就労訓練施設などでも実践を行いつつ、「すごろくや」や全国の教育機関、医療機関などで研修を行っています。使っているゲームは、すでに200種類以上です。その対象は、重い知的障害がありことばのないお子さんの療育から、成人向け施設での就労訓練にまで広がっています。

　本書には、そうした実践現場で培われたノウハウを詰め込みました。お子さんと関わる皆さんにとって、この本が楽しく実践的な療育の一助となることを願っています。

2018年6月　松本 太一

アナログゲーム療育　もくじ

- この本で使われるアナログゲームの紹介　2

アナログゲーム療育開発のきっかけ　〜まえがきに代えて〜　9

序 章・アナログゲーム療育の理論 キー概念「シンボル」　20

第 1 部　アナログゲームを用いた コミュニケーション療育

ステージ ❶　1歳半〜2歳　「シンボル」の形成　26

1　マイファーストゲーム・フィッシング　28
2　楽しい色並べ　34
3　スティッキー　40
4　テディ・メモリー　42

指導の留意点 ❶　44

ステージ ❷ 2歳〜7歳　ことばや数の世界を拡げる　48

　5　虹色のへび　52
　6　雲の上のユニコーン　63
　7　レシピ　69
　8　メイクンブレイク　70
　9　どれの仲間かな？　72
指導の留意点 ❷　73

ステージ ❸　7歳〜12歳

「客観的思考の形成」「他者視点の獲得」　76

　10　ファイアドラゴン　82
　11　パカパカお馬　89
　12　インカの黄金　90
　13　すすめ!!海賊さん　91
　14　かたろーぐ　93
　15　ヒットマンガ　98
　16　私はだあれ　102
指導の留意点 ❸　103

アナログゲーム療育　もくじ

第 2 部　人と関わる勇気を育てる

1　参加できない子への対応　−勇気を回復する−　106

1）集団参加ができない子への対応　110
　　　17　キャプテン・リノ　111
　　　18　バウンス・オフ！　114
　　　19　イチゴリラ　115
2）暴言・暴力がある子への対応　116
　　　20　ナンジャモンジャ　118

2　アナログゲーム療育の指導

1）ゲーム選び　132
2）指導形態　136
3）指導員の配置　145

中高生・成人期のアナログゲーム療育　〜あとがきに代えて〜　156

注意事項：本書で紹介するゲームの説明は、療育に関係する最低限の部分に留めており、プレイするうえで必要な全てのルールを説明しているわけではありません。実際にプレイするにあたっては、必ずゲームに付いている説明書を読んでからプレイするようにしましょう。

序 章

アナログゲーム療育の理論
キー概念「シンボル」

● 実践的なコミュニケーション力をどう身に付けるか

アナログゲーム療育の目的は、お子さんに「実社会で必要とされる実践的なコミュニケーション力」を身に付けてもらうことにあります。この能力は、以下の2つの能力から成り立ちます。

> ・相手の要求や場の状況を正確に読み取り、そこに合わせて動ける
>
> ・周囲に関心を持つ

このうち、相手や場の状況を正確に読み取る力は心理学でいう「認知能力」にあたります。本書の前半では、この認知能力にスポットをあてます。

● ピアジェの認知発達論

認知能力を研究し、その発達過程を明らかにしたのがスイスの心理学者ジャン・ピアジェです。アナログゲーム療育の理論は、このピアジェの認知発達論を参考にしながら作られています。

ピアジェは、多数の実験によって子どもが大人とは異なる独特のものの捉え方や考え方をしていることや、その特性が、年代ごとに段階的に変化していくことを明らかにしました。

　ピアジェは、多くの実験の結果をもとに、子どもが大人へと至る認知発達の過程を4段階に整理しました。アナログゲーム療育は、それに合わせて4つの「ステージ」を設定し、ステージごとの指導目標と、適したゲームを設定しました。

ステージ	ピアジェの認知発達段階	年　齢	アナログゲーム療育の指導目標
1	**感覚－運動期から前操作期への移行期** 見た目や音・感触などの感覚的刺激が興味の中心	1歳半 〜 2歳	・「シンボル」の形成
2	**前操作期** ことばや数などのシンボルを使いこなせるようになるが、論理的思考などは難しい時期	2歳 〜 7歳	・ことばや数の世界を拡げる
3	**具体的操作期** 概念を操作して論理的に思考したり、他者の視点に立つことができるようになる時期	7歳 〜 12歳	・「客観的思考の形成」 ・「他者視点の獲得」
4	**形式的操作期** 目の前にない抽象的な出来事や複雑な構造について想像し、思考できるようになる時期	12歳以上	・相手や場の状況に応じた臨機応変な対応

ピアジェの認知発達論のキー概念「シンボル」

● シンボルとは

　ピアジェの認知発達論、ひいてはアナログゲーム療育のキーとなる重要な概念が、「シンボル」です。詳しく説明していきましょう。下の２つの画像を見てください。

　どちらも「イヌ」だとわかります。しかし、左側のイヌは、４本足で歩いています。右側のイヌは２本足で立っていて、服を着ています。そもそも、実写とイラストですから質感や色味が全然違います。

　こうもかけ離れた特徴を持つ２つの画像を見て、なぜ私たちは同じ「イヌ」だと認識できるのでしょうか。よくよく考えてみると不思議ではありませんか。

　実は、私たち人間は、こうした異なるものを「イヌ」という共通の記号で呼ぶことで、それが同一だと認識しています。この、「イヌ」という名前が「シンボル」になります。

　ここからもう少し成長すると、例えば、色や形、動きまで

全く異なるイヌとカモメが、どちらも「動物」というカテゴリに属することも、理解されるようになってきます。

● 動物もまたシンボル

「動物」もまた、シンボルのひとつです。「動物」という名前の生き物は、この世に存在しません。しかし、私たちはトラやカモメを「動物」という共通の入れ物（シンボル）に入れて整理しています。そうすることで、「動物と植物の違いは何か」という、より高次の思考を展開できるようになります。

● 数も色も、シンボルのひとつ

数もまた、シンボルのひとつです。「4」という物体は、この世に存在しません。しかし、4本の指が立っていたら、4個の碁石があったら、誰にとっても「4」だとわかります。

それは、物理的には存在しない4というシンボルをみなさんが頭の中に持っていることを意味します。

　また、色もシンボルのひとつです。「赤」という物体は、この世に存在しません。しかし、リンゴとポストがどちらも「赤」というシンボルを共有していることは、誰にでもわかります。

● ゲームは、シンボルの組み合わせでできている

　このように、シンボルとは、ある具体的な事象を別の記号で代表したものです。人間は、シンボルを使いこなすことで高次の思考やコミュニケーションを可能としてきたのです。

　本書のテーマ、「ゲーム」を構成するルールは、ことばや数といった、まさにシンボルの組み合わせでできています。ルールを理解し、そのルールの枠組みの中でどうやれば勝てるのか考えることが、シンボルを理解し、使いこなす練習となります。

第 1 部
アナログゲームを用いたコミュニケーション療育

ステージ ❶　　1歳半〜2歳
「シンボル」の形成

ステージ ❷　　2歳〜7歳
ことばや数の世界を拡げる

ステージ ❸　　7歳〜12歳
「客観的思考の形成」
「他者視点の獲得」

ステージ

1

1歳半～2歳

「シンボル」の形成

このステージの対象となるのは、赤ちゃんから幼児へと移り変わる段階にある子どもたちです。まわりの世界を探検できるようになりましたが、ことばの意味を理解したり、自らことばを発することはまだ難しいという段階です。

その子どもたちに、言語獲得の前提となる「シンボル」の存在に気付いてもらい、やがてことばを獲得してもらうことが、ステージ1の大きな目標です。

健常児の場合は、あっという間に過ぎ去ってしまう時期ですが知的障害や自閉症のあるお子さんの場合、年齢が高くなってもこの発達段階に留まっていることがあります。体は年齢相応に大きくなっている分、その子の発達段階を知らずに関わると上手く関係が作れません。

療育を進めていくうえでは、この発達段階のお子さん特有の認知や興味の性質を理解し、そこに合わせた関わり方や課題設定を意識することが大切です。

ステージ１
療育の目標

　１歳半ごろのお子さんの場合、意味のあることばは出ているか出ていないかといったところで、物に名前があることが理解できているかどうかも、まだハッキリしない段階です。この発達段階のお子さんの興味の中心は、動きや音、感触といった感覚的な刺激です。例えば、ラトルやクーゲルバーンのような、色・音・動きに訴えるおもちゃに興味を抱きます。

　ステージ１では、感覚の世界にいる子どもたちにちょっと背伸びをしてもらい、知的な概念の始まりとなる「**シンボルの世界、ことばの世界に入ってきてもらうこと**」が、療育の目標になります。

1 マイファーストゲーム・フィッシング

HABA(ドイツ)／すごろくや

　ステージ1の療育の目標は、シンボルの形成を促すことにあります。この時期に用いるゲームは、動きや音、感触といった感覚的な刺激に特徴があり、お子さんの興味を惹くような物が適しています。その代表が、「マイファーストゲーム・フィッシング」です。色とりどりの魚に、磁石が「パチン！」と付く感触が、子どもたちの感覚的な興味を惹きます。

● ルール：サイコロを振り、出た目の色と同じ色の魚を、磁石のついた棒で釣ります。釣った魚と同じ色をしたバケツやじょうろ、スコップなどが描かれたピースを選び、手持ちのパネルにはめ込みます。一番早く全てのピースを手に入れ、パネルを完成させた人が勝ちです。

シンボルの存在に気付く

● シンボルが共有している物

下の写真を、見てください。

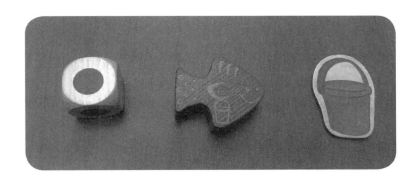

　サイコロを振ると、赤の目が出ました。そこで釣り竿を持ち、赤い魚を釣りました。次に赤いバケツを取り、自分の持っているパネルにはめ込みました。

　私たち大人は、この作業を何なくこなしてしまうことでしょう。しかし、よく考えてみてください。

　左は、丸が描かれた四角い物体、真ん中は木でできた魚のオブジェ、右はバケツが描かれた薄い紙のピースです。このように描かれた絵も形も材質も異なる物体を見て、なぜ私たちは迷うことなく「同じ物」だと認識できるのでしょうか。それは、これら3つの物体が、同じ「赤」という色のシンボルを共有しているからです。

● 経験を通じて気付いてもらう

「赤」という物体は現実には存在しません。しかし、私たちは赤という色のイメージを頭の中に思い浮かべることができます。だからこそ、3つが同じものだと認識できるのです。この赤という色のイメージがシンボルにあたります。

同じ色を持ったもの同士を合致させる経験を通じて、お子さんにシンボルの存在に気付いてもらう、それがこのゲームを使った療育の目的になります。

1年生、Bくんの事例

小学1年生で重度の知的障害と自閉傾向のあるBくんが、「マイファーストゲーム・フィッシング」に取り組みました。

● まずは、感覚で楽しく遊ぶ

ステージ1のお子さんの場合は、ことばによるルールの説明を理解することが難しいです。そこで、まずは指導員が釣り竿で魚を釣って見せ、次にお子さんに釣り竿を渡し、しばらくは魚に磁石が付く感覚を自由に楽しんでもらいました。

● 次に、同じ色の魚を釣ることを目指す

　お子さんが磁石の付いた釣り竿を使って魚を釣り上げることを楽しめるようなら、その次のステップ、サイコロと同じ色の魚が釣れることを目指します。

　Bくんの場合、釣り竿を使って魚を釣ることはできましたが、サイコロと同じ色の魚を釣る代わりに、自分の手元に近い魚を釣ってしまいます。

　Bくんは、サイコロの目と魚が同じ色のシンボルを共有していることを、まだ理解していないと考えられます。

● わかりやすく指示をする

そこで指導員は、サイコロと魚とを近づけ、交互に指さしながら、魚を釣るように指示しました。

わかりやすく指示すると、Bくんも正しい魚を取ることができました。次のステップとして、指さしをなくし、釣るべき色の魚の近くでサイコロを提示するにとどめました。

数回の指導を通じて、Bくんは自分で魚とサイコロを交互に指さし、釣り竿を持って正しい色の魚を釣り上げることができました。

その過程で、大変感動的な光景に接することができました。ある時Bくんは、銀色のサイコロの目と釣った銀色の魚を手に取り、満面の笑顔でその2つを指導員に見せてくれたのです。

「考え方の枠組み」を手に入れる

● シンボルの共有を理解できた

　Bくんはおそらく、この瞬間にはじめてサイコロの目と魚が、同じ "銀色" というシンボルを共有していることを理解できたのではないか、その喜びを指導員に伝えたかったのではないか、と思います。

　銀色同士のマッチングに成功したBくんは、その直後から赤や青といった別の色同士のマッチングも間違えなくなりました。これは、彼が色のシンボルの存在に気付き、色同士を合わせるという「考え方の枠組み」を手に入れたことを意味します。

　この、「考え方の枠組み」のことをピアジェは、「シェマ(schema)」と呼びました。

● 最初の芽生え

　ひと度、シェマ（考え方の枠組み）が確立すれば、銀色は銀色、赤は赤といったように、個別の関係をいちいち教わらなくても正しく合致させられます。つまり、応用が効くのです。

　「シンボルを用いてシェマを作り、それを現実に適用する」、これが、人間ならではの柔軟で高度な知性です。Bくんが見せてくれたのは、その最初の芽生えでした。

2 楽しい色並べ

リンゴプレイ社（ドイツ）／（株）エルフ

　「色」というシンボルの存在に気付けたなら、次のステップは色の名前を覚えることです。シンボルの存在を知り、それに名前が付いていることがわかって、はじめてそのことばを言えるようになるからです。

　そのきっかけ作りに有効なゲームが、「楽しい色並べ」です。お子さんが楽しみながら色の名前を覚えられる工夫がされています。

楽しい色並べには、全8色からなる「絵の具」カードと、それぞれの色を代表する動物や食べ物、身の回りの品が描かれたカードが入っています。

シンボルの名前を覚える

● まずは、絵カード同士を合致させる練習

アナログゲーム療育では、「楽しい色並べ」は、2つの段階に分けて指導を進めていきます。

最初は、絵カード同士を合致させる練習です。具体的には以下の通りです。

> ● 正しい場所にカードを並べる練習
>
> 色並べの基準となる絵の具カードを机に並べます。はじめは、半中間色や無彩色を除いた赤・青・黄・緑の4色で始めます。次に、指導者がイラストが描かれたカードを1枚めくってお子さんに渡し、同じ色の絵の具カードの上に並べて置くよう指示します。

正しい場所にカードを並べられたら、「これは何ですか?」「これは何色ですか?」と問いかけ、お子さんにカードに描かれたものの名前と色を答えてもらいます。

お子さんが、「これはカニ」「カニは赤」と正しい名前と色を答えられたら、拍手やハイタッチでほめてあげしょう。

● 名前をしっかりと答えさせる

提示されたカードを同じ色の列に置けただけで終わりにするのではなく、物の名前と色の名前をお子さんにしっかりと答えさせることが大切です。それぞれの色に固有の名前が付いていることを理解してもらうことが目的だからです。

お子さんが、色や物の名前を言えないようであれば、「これはカエルだよ」「カエルはミドリだね」と教えてあげましょう。

● 4色から8色全てのカードを使って練習

安定して正しく答えられるようになったら、今度は8色全てのカードを使います。新たに、オレンジや茶といった中間色、白、黒の無彩色が加わります。お子さんによっては、オレンジ色と黄色の違いが区別できなかったり、白と黒の無彩色の理解が難しい場合があります。

お子さんが間違った場所にカード置いてしまった時は、絵の具カードとものが描かれたカードを見比べさせ、「こちらはオレンジ色、こっちは黄色」と違いを説明してから、改めて「黄色はどこかな？」と問いかけ、正しい場所に置かせます。

ゲーム形式での指導 （ステージ２向け）

　指導者が提示するカードを、お子さんが正しい場所に並べられるようになったら、ゲーム形式での指導に入ります。

● **ゲーム式のルール**：全てのカードをよく切り、１人６枚ずつ配ります。順番に１枚ずつカードを場に出していきます。最初に出せるのは、絵の具カードだけです。次の人は、場に出ている絵の具カードの列に同じ色のカードを並べるか、別の絵の具カードで新たな列を作ります。出せるカードがなければ山札から１枚引いてその回は終わりです。１色につき、絵の具カードを含めて４枚のカードがあります。４枚目となるカードを並べた人はもう１枚カードを出すことができます。最初に全ての手札を場に出せた人が勝ちです。

● 難易度が上がるので、無理をさせない

場に出ているカードと自分が持っているカードを見比べたうえで、場に出せるカードを自分で選ぶ必要があるので、グッと難易度が上がります。

ゲーム式のルールは、ステージ1のお子さんには難しく、ステージ2のお子さん向けの課題となります。無理をさせないよう注意してください。

● ステージ1に適したゲーム

3 スティッキー

HABA（ドイツ）／すごろくや

　動きや音、感触に興味を持つステージ1のお子さんには、感覚的刺激に特徴があるゲームが適しています。

　なかでも「スティッキー」は、ステージ1のお子さんから大人まで、みんなで楽しめることが魅力のゲームです。

● ルール：青・赤・黄の太さが異なるスティックをリングで束ね、タワー状に立てます。プレイヤーはサイコロを振り、出た目と同じ色のスティックを順番に抜き取ります。タワーが倒れてしまったら、倒した人の負けです。

はじめてのゲームに最適

　棒を引き抜く時の触感や、リングが「パタン！」と倒れてしまった時の音や動きが、感覚的刺激に興味を持つお子さんを惹きつけます。人数や時間を気にせず気軽に遊べるので、教室に1つあるととても頼りになります。

　サイコロの色と引く棒の色を合致させる経験を通じて、色のシンボルを身に付ける練習になります。また、ルールが【順番に棒を抜いていき、倒れたら負け】と、見た目にわかりやすいため、ゲームのルールをはじめて学ぶのにも最適です。

　ゲームのルールが理解できていないお子さんの場合、まとめて棒を抜いたり、タワーごと押さえて倒してしまう子もいますが、倒れても数秒ですぐにセットアップし直すことができるのが、スティッキーの良いところです。

　1本ずつ棒が引き抜けるように、根気よくお手本を見せていきましょう。

4 テディ・メモリー

ラベンスバーガー（ドイツ）／（株）カワダ

「テディ・メモリー」は、おしゃぶりをくわえた赤ちゃんクマ、はちみつを食べているクマなどのカードが、2枚1組になっています。シロクマやパンダ、さらにはクッキーやチョコレートでできているクマもいます。個性的で楽しい絵柄が、ステージ1のお子さんの興味を惹きます。

● ルール：このゲームには、可愛らしいクマの絵が描かれたカードが2枚1組で入っています。これをトランプの神経衰弱と同じく、裏返しにして並べ、同じカードをめくれたら手に入れる、というルールで遊びます。

名前が付いていることを学べる

ルールの理解が難しいステージ1のお子さんには、まずは、自由にクマの絵を手に取らせて楽しんでもらいましょう。

お子さんに興味を感じてもらえたなら、今度はカードを裏返しにして並べ、神経衰弱のルールで遊びます。全てのカードを並べると大変なので、半分くらいから始めるのがよいでしょう。

指導のポイントは、お子さんがカードをめくる時、「ハチミツを食べているクマさんだね」「白黒だからパンダさんだね」といったように、描かれたクマの特徴をことばで説明してあげることです。

こうすることで、お子さんはそれぞれのクマに個性がありそこに名前が付いていることを学びます。

指導の留意点 ❶

1　原則は1対1

　ステージ1のお子さんの療育は、指導者と1対1で行うことを原則とします。この発達段階のお子さんは、まだルールの理解ができていないため、集団でルールを共有しあって遊ぶということが難しいためです。

　2人以上で遊べる場合もありますが、順位や勝敗といった概念がまだ形成されていないので、自分の順番でない時はただ待っているだけ、ということになってしまいます。

2　まずは、自由に触ってもらう

　まだ、ことばの理解が充分でないステージ1のお子さんに対しては、いきなりルールの説明はせず、まずゲームを構成する道具やカードをお子さんの前に拡げ、自由に触ってもらいます。

　「マイファーストゲーム・フィッシング」なら、釣り竿

で魚を釣ったり、「スティッキー」ならリングから棒を引き抜くといったように、そのゲームが持つ動きや音をお子さんに体験させてあげましょう。

こうすることで、お子さんの感覚的興味が満たされ、ゲームに参加する意欲が高まります。

3 物同士のシンボルを合致させる

例えば、「マイファーストゲーム・フィッシング」でサイコロの色と魚の色を合致させることを教える場合、物同士の距離を縮

め、お子さんの視界にどちらも入るよう提示します。それでわからなければ、物同士を交互に指さしましょう。

この時、物同士の距離が離れていて、どちらかしか視界に入っていないようだと、お子さんにとってその2つを合致させることが難しくなります。

指導の留意点 ❶

4　シンボルの名前を伝える

　物同士が同じシンボルを共有していることがわかったら、次の課題はそのシンボルに付いている名前を理解することです。「これはむらさきです」「これはタコです」というように、シンボルを合致させる際に名前を呼んであげることで、お子さんはそのシンボルの名前を学ぶことができます。

5　間違えそうな時、途中で止めない

　お子さんが間違えそうな時、指導者がつい、「それは違うよ！」とお子さんの手を止めてしまう場合があります。間違いを回避することはできますが、お子さんは、「なぜ、自分が間違えたのか」は、理解できていません。

間違いは途中で止めたりせず、間違うままに任せ、あとで何が間違いだったのかを確認してもらいます。

例えば、「スティッキー」でお子さんがサイコロの色と違った棒を引こうとした場合、間違っていてもまずは引かせて、サイコロと見比べさせます。

そのあと、「サイコロは赤、棒は黄色、違う色ですね」「サイコロと同じ赤い色はどれでしょう？」と、具体的に問いかけ引き直させます。

それでもわからなければ、サイコロと棒を両方視界に入るように近づけ、交互に指さしながら「サイコロは赤、赤い棒を引きます」と教えてあげます。こうすることで、色のシンボルの理解を促すことができます。

ステージ

2歳〜7歳

ことばや数の世界を拡げる

　健常児の2歳から7歳までにあたるステージ2は、ことばや数といったシンボルの理解が確立し、コミュニケーションの幅が大きく拡がる時期です。それに伴い、1人遊びから集団遊びへの移行が進みます。子ども同士のコミュニケーションが活発になる分、トラブルが多くなる時期でもあります。

　ＡＤＨＤのあるお子さんの場合、ゲームの順番が守れなかったり負けてかんしゃくを起こすといった衝動的な行動が見られたり、ＡＳＤのお子さんの場合は、こだわりが強く集団のルールに従えない、あるいは他者に関心がなく遊びの輪に入ってこないといった様子がよく見られます。

　これらの行動は、発達障害の特性の典型的な表れとも見られますが、背景にことばや数の理解の遅れが関わっていることがあります。

ステージ2
療育の目標

● 改めて「シンボル」とは

　ステージ2の説明に入る前に、もう一度「シンボル」についておさらいしましょう。

　具体的なものを、「名前」や「数」のように別の記号で表したものを「シンボル」と言います。

　1歳半から2歳までのステージ1では、シンボルの形成を手助けすることが目標でした。例えば、赤という色が存在していることを知り、そこに「あか」という名前が付いていることを知る、といったことです。

　ステージ2のお子さんは、色や名前、数といったシンボルの存在は認識しています。しかし、その理解の範囲は限られているので、それを拡げてあげることが療育の大きな目標になります。

　療育を通じことばや数の理解を促すことで、ルールを正しく理解したり、見通しを持って行動できるようになります。

●「ごっこ遊び」が始まる

　ステージ2のお子さんは、シンボルを組み合わせて頭の中で架空の状況を想像できるようになります。それは、この時期に「ごっこ遊び」が活発になってくることからも伺えます。

　例えば、両手を耳の上にあててジャンプする「うさぎ」の真似をすることは、お子さんの中に耳が長くてジャンプする「うさぎ」のシンボルが形成されたことを表します。

　シンボルが形成され、それらを使いこなせるようになると、他のお子さんとシンボルを共有して遊べるようになります。

　例えば、2人の子どもが、おままごとでお母さん役と赤ちゃん役に分かれて遊ぶ時、2人の間で「お母さん」というシンボル、「赤ちゃん」というシンボルが共有できているからこそ、お母さん役の子は哺乳瓶でミルクをあげ、赤ちゃん役の子はそれを飲むといった、おままごとが成立するのです。

● 集団のルールを守る必要が出てくる

　ゲームを構成しているルールも、ことばや数、色といったシンボルの集合体です。ステージ2のお子さんは、シンボルが形成されるに伴い、ルールを他者と共有できるようになるので集団でゲームを楽しめるようになります。

　旧ソ連の教育心理学者ヴィゴツキーは、子どもはこうしたルールを伴う集団遊びの経験を通じて、道徳性・規範性を身に付けると述べています。

50

集団遊びで自分が楽しく遊ぶためには、集団のルールを守る必要があります。自分の欲求通りに自由に振るまった結果が、ルールにそぐわない行動となれば、集団から排除されかねないからです。

　周囲からの制約と自分の欲求とを天秤にかけて、自分の行動を調整することが、道徳性や規範性を意識するきっかけとなるのです。

● 集団参加が可能になる

　ことばや数といったシンボルの集合体であるゲームのルールを理解し、それに従ってゲームをプレイすることが、そのままシンボルの世界を拡げ、それらを使いこなす練習となります。そして、ルールに従って行動できるようになれば、集団参加が可能になります。

　集団の中では、「自分の順番を待つ」「勝敗や順位を知る」といったような、他者との関係において理解される事柄をはじめて学びます。

● 指導では、観察を通じて理由を見極める

　発達障害のあるお子さんの場合、ルールの理解や集団参加の部分でつまずきを抱えることが少なくありません。その場合、なぜそうしたつまずきが起きているのか、観察を通じてその理由を見極め、集団指導と個別指導の両方を組み合わせて改善を図っていきます。

5　虹色のへび

アミーゴ社（ドイツ）／（株）エルフ

　「虹色のへび」は、美しい色のカードを並べてへびを完成させるゲームです。色とりどりのカードをお子さんに見せれば、興味を持って手に取ってくれることでしょう。

● **ルール**：へびの胴体が描かれたカードを、順番に場に並べていきます。色の合うカード同士はつなぐことができます。カードには、頭としっぽのカードもあり、胴体を挟んで頭としっぽが揃い1匹のへびが完成すると、最後にへびを完成させた人がまとめて自分のものにできます。めくる札がなくなった時点でゲーム終了で、一番多く札を取った人が勝ちです。

1） いつもひとりで遊んでいるＦくんのケース

ひとり遊びの子に集団参加を促す

　小学３年生のＦくんは、知的障害と自閉症があり、特別支援学校に通っています。とてもおとなしい子で、自由遊びの時間ではひとりで積み木で遊んでいたり、好きな電車の図鑑を読んで過ごしています。普段の生活では大きな問題がないＦくんですが、親ごさんからは、「いつもひとりで遊んでいるので、他の子とも一緒に遊べるようになれば……」との要望がありました。

　たしかに他の子と遊ぶことへの関心は薄いＦくんですが、大人との１対１の療育では、色同士を合致させたり、「これは何色？」という質問に「赤」と正しく答えられるなど、シンボル機能は形成されていて、集団内でもルールを守り合ってゲームを楽しめる発達段階であることが伺えます。

　将来Ｆくんが、社会の中で他者と関わりながら生活していくことを考えた時、どこかのタイミングで集団参加を果たすことが望ましいと考えられました。そんなＦくんのために用意したのが、「虹色のへび」です。

集団参加への準備

● シンボルを理解できているか？

　Ｆくんに集団参加を促す準備として、まずは指導員と１対１で「虹色のへび」を遊びました。

　赤、青、黄、緑、色とりどりのカードは、ことばよりも視覚からの刺激に敏感な自閉症のお子さんの興味を惹きます。これまで、あまりゲームに興味を示さなかったＦくんも、「虹色のへび」には興味を持って手に取ってくれました。

　その様子を見た指導員は、カードとカードの色を合わせていき、カードを組み合わせることでへびの胴体が作れることをＦくんに示します。次に、「この色につながるカードはどれかな？」とことばをかけると、Ｆくんは同じ色の胴体同士を正しくつなげることができました。このことから、Ｆくんには色のシンボルが形成されていることがわかります。

● ルールを理解してから集団参加へ

　Ｆくんがカードをめくっていくと、頭としっぽが揃い１匹のへびが完成しました。指導員が拍手して、「Ｆくん、へびができたよ。おめでとう！このへびはＦくんが取れるんですよ」と言いましたが、彼はきょとんとしています。Ｆくんは、同じ色同士はつなげますが、「頭としっぽが揃えばへびがもらえる」というルールがまだ充分理解できていないようです。

　それでも、へびが揃う度に指導員が根気よく「やったね！Ｆくんへびがもらえるよ！」と伝えていくと、Ｆくんはやがて揃ったカードを自ら取るようになり、カードを取れたことに笑顔で応えるようになりました。

　へびを完成させて、カードをもらえることが嬉しいことなのだと理解できたのです。こうしてルールが理解できたことで、集団参加への準備が整いました。

いよいよ集団参加へ

● 集団参加をさせるための工夫

Fくんに集団参加をさせるために、ひとつ工夫をしました。

まずは、指導員とFくんの1対1で「虹色のへび」を遊び、ある程度ゲームが進んだところで、近くにいた子どもを2人呼び、集団を形成したのです。

● はじめての集団参加

Fくんを含む子どもたち3人の集団でプレイしていると、1人の子がへびの頭としっぽを揃えてカードを自分のものにしようとしました。すると、Fくんが手を出してへびを取ろうとしました。自分が取るはずのカードをFくんに横取りされそうになった子は、「ちょっと！やめてよ！」と怒ります。

指導員は、すかさずFくんに、「今へびを作ったのはこの子だよ。へびを作った子がそのへびをもらえます」とルールを説明しました。カードをもらえると思っていたFくんは、ブスっとしています。Fくんにとって、これまでは完成したへびは常に自分のものになっていました。しかし、今回はじめて"他の子がへびを取る"ということが起きたのです。

● 指導員の手助けで楽しく遊べた

　Fくんに次の順番が回ってきた時、指導員はわざと山札の中身を調整しへびが完成するようなカードをFくんに引かせました。Fくんがへびを完成させたのを見て、「今度はFくんがカードを取れるよ！おめでとう！」と拍手で賞賛しました。

　それに気をよくしたFくんは、その後はルールに従って最後まで楽しく遊ぶことができました。

> **指導の ヒント**

はじめての集団参加には
大人の手助けも必要

　別の子が完成させたへびをFくんが誤って取ろうとした時、指導員が適切に説明をしなければ、Fくんは集団から排除されてしまっていたかもしれません。また、その後もFくんが運悪くカードを一度も取れないままゲームが終わってしまっていたら、彼にとって集団でゲームをすることは、「面白くない行為」のままで終わってしまった可能性があります。

　わざとカードを調整した指導員の行動は、ゲームとしての公平性を欠くものですが、「相手がへびを完成させたから、相手がカードを取った」、「自分がへびを完成させたから、自分がカードを取れた」という出来事を、時間を置かずに体験することで、「集団の中で、ルールを理解」してもらうことにつながりました。さらに、Fくんの「ゲームへの意欲を高める」ことにもつながりました。

　発達障害のあるお子さんの場合は、ルールの理解が難しいことがあり、子どもの集団にただ放り込むだけではトラブルが起きがちです。すると、集団に参加したことが嫌な思い出となって残り、後に集団参加を拒否するようになってしまいます。指導員が適切なタイミングと手段で介入することで、スムーズな集団参加が果たされ、他の子と一緒に遊ぶことの楽しさを経験してもらうことができるのです。

Fくんのその後

● 力を信じて療育したことで

　集団参加を果たしたFくんは、他の子たちと輪になって色々なゲームを楽しむことができるようになりました。

　ある日、お母さんが教室に訪れ、Fくんが他の子と一緒に遊んでいるのを見て、涙を流されていました。

　Fくんは、色のシンボルを獲得しており、他者とことばでコミュニケーションをしたり、ルールを守り合って集団遊びを楽しめるだけの力を持っていました。その力を信頼し療育をしたことで、彼が集団遊びを楽しめるようになったのです。

　このことは将来、彼が地域社会の中で見知らぬ人たちと一緒に仕事をしたり生活したりするうえで、必ずプラスになることでしょう。

2） 数概念に遅れがみられるＣくんのケース

順番を飛ばしがちなＣくん

　Ｃくんは、軽度の知的障害、ADHDの診断を受けており、特別支援学級に通っています。ゲームに対する取り組みはとても意欲的で、私が教室に訪れる度、「あっ、アナログゲームの先生だ！今日はどんなゲームやるの」と元気よく聞いてくれます。

　他方でＣくんは、多動性や衝動性が見られ、ゲーム中に頻繁に離席したり、早くプレイしたいあまり順番を飛ばしがちなことが、課題としてあげられていました。

● Cくんは数を数えられないのではないか？

Cくんが何度かゲームをプレイしているうちに、彼の認知能力についてある傾向に気付きました。ひとつひとつのプレイの成功や失敗には一喜一憂する感情豊かなCくんですが、自分の順位や得点にはほとんど興味を示さないのです。

例えば、私が「今Cくんは3位だよ。もう少しがんばったら順位が上がるよ」と声をかけたり、「これで10点になったよ！すごいね！」と言っても、キョトンとして「早く次やろうよ！」と自分のプレイをしたがります。

すごろくで、サイコロの目の数だけ正しくコマを進められないことも気になりました。

このことから私は、Cくんが「数の概念を充分に把握しておらず、自分の順位や得点について理解できていないのではないか」と推測しました。

● 順番を守れないのは、数の理解が影響していた

　Cくんの前に、碁石を数個並べ「いくつあるか数えてごらん」と言うと、正しく数えられませんでした。詳しく調べてみると、3以上の数を数えるのが難しいことがわかりました。

　Cくんが示した数の理解についての困難は、彼がしばしば順番を飛ばしてしまうことにも関連すると思われました。

　例えば、「3人あとにCくんの番になるよ」と言っても、3つ以上の数の理解が難しいCくんにとっては、どれくらい待てば自分の順番が回ってくるか見通しが立てられません。「あと5分で終わりだよ」と言っても、理解できないこともあるでしょう。

　順番を飛ばしてしまうことは、ADHDの症状もありますが、「数の理解が充分でないことも影響しているのではないか」と思われました。そこで、Cくんの数の理解を促すために、次に紹介する「雲の上のユニコーン」を使って療育をしました。

6　雲の上のユニコーン

HABA（ドイツ）／すごろくや

「雲の上のユニコーン」は、キラキラした宝石が子どもたちの興味を惹きつける人気のゲームです。宝石をたくさん集めることが、プレイヤーたちの目的です。宝石を数える過程を楽しみながら、数概念の獲得を促すことができます。

● ルール：1から3までの目が刻まれた数字と宝石の2つのサイコロがあります。プレイヤーは、まず数が書かれたサイコロを振って出た目の数だけユニコーンを進めます。止まったコマに宝石マークがあれば、宝石の描かれたサイコロを振り、出た目の数だけ宝石をもらえます。誰かがゴールしたらゲームは終了。一番最初にゴールした人は、宝石を4つもらうことができます。宝石を一番多く集めた人が勝ちです。

Ｃくんの理解度をチェック

● まずは、数人の子どもたちとプレイしてみて

　最初に、Ｃくんを含む数人のお子さんで、「雲の上のユニコーン」をプレイしました。すると早速、Ｃくんの数の理解の困難さが表れました。

　Ｃくんは、サイコロの目にかかわらず、宝石がもらえるコマに飛んでいってしまいます。また、宝石を取る場面では、サイコロの目と関係なく箱に入った宝石をわしづかみにして、取れるだけ取ってしまいます。

　これらはルール違反ですが、見方を変えれば、「ピンクのコマに止まれば宝石がもらえる」「宝石をたくさんもらった人が勝ち」というゲームのルールについてはよく理解できているのです。それだけに、こうした彼の行動は子どもだけの集団で、「自分が勝ちたいためにわざとズルをしている」と判断され、非難を受けてしまうことでしょう。

　指導員が正しくプレイするよう指示を出しましたが、自分の時だけいちいち注意されることが面白くなかったのか、Ｃくんはゲームの途中で席を立ってしまいました。

正しい数が取れるように

● 指導員が数を数え、Cくんが宝石を手に取る

2回目以降のプレイでは、Cくんの数の理解を促すために、まずは指導員との1対1で宝石の取り方から教えていくことにしました。

Cくんに宝石の取り方を教えるには、工夫が必要でした。なぜなら、指導員が「宝石を3つ取ってください」と指示するだけでは、Cくんは宝石を取れるだけわしづかみにしてしまいますし、指導員が3つ取って渡してあげたのでは、彼の学習にならないからです。

そこで、指導員が声を出して「イーチ、ニーイ、サン」と数えるのに合わせて、Cくんが箱の中から宝石を1つずつ手に取り、自分の手の平にのせる形で指導を進めました。

● 「サイコロの目はいくつ？」の問いかけで

　指導員の、「イーチ、ニーイ、サン」の声に合わせて１つずつ宝石を取るＣくん。３つ目の「サン」が終わったあとも、つい４つ目の宝石に手が伸びてしまいます。しかし、指導員が「ヨン」とは言わなかったので、そこで手が止まりました。

　１回のゲームの中で、こうしたやりとりを何度かくり返した結果、指導者のかけ声があれば正しい数の宝石を手に取ることができるようになりました。

　次の段階として、指導員が数を数える代わりに、「サイコロの目はいくつ？」と問いかける形にしました。Ｃくんが正しく「３つ」と答えると、「では、３つ取ってごらん」と指示するだけで、正しい数の宝石が取れるようになりました。

● 正しい数のコマも移動できるように

　指導員と１対１で数回プレイすると、宝石を正しく取れるようになったＣくん。それに伴い、「イーチ、ニーイ、サン」の指導員の声に合わせて１マスずつコマを動かすことで、サイコロの目の数だけマスを移動できるようにもなったのです。

　つまり、宝石を取る時に身に付けた「指導員の声に合わせて１つずつ動く」というシェマ（考え方の枠組み）が、コマを動かす時にも応用されたのです。

離席することなくみんなと一緒にプレイ

● ゲームに集中するようになった

　Cくんが、「雲の上のユニコーン」をスムーズにプレイできるようになったので、今度は他の子どもたちと一緒に遊んでみました。すると、以前に比べて大きな変化が見られました。Cくんが、ゲーム中に離席することなく最後まで集中してゲームに取り組めるようになったのです。

● 数概念の理解から、見通しがつきやすくなった

　1から3までの数の概念が確立していなかったこれまでのCくんは、自分の番で正しい数のコマを進められなかったり、宝石を大量に取りすぎてしまって、その都度注意を受け集中が途切れていました。そのことが、結果的に離席につながっていたと考えられます。

　数概念が理解できたことで、注意を受けなくともスムーズにプレイできるようになり、さらには自分以外が何をしているのかの見通しがつきやすくなったことで、集中が持続し、離席がなくなったと考えられます。

障害特性の背景に
数やことばの遅れが関わっている

● 数やことばの理解を促すことで問題行動が減る

集団活動中の離席は、ADHDのあるお子さんが見せる典型的な問題行動ですが、その原因を探っていくと、障害の症状だけではなく数やことばの理解の遅れが関わっていることがよくあります。

そうした場合、療育を通じて理解を促してあげることで、結果的に問題行動が減弱する場合があるのです。

● 理解力の遅れだけとは限らない

ただし、Cくんのもうひとつの課題であった順番飛ばしについては、頻度は減りましたが、まだ起きています。どうしても自分の順番が待ちきれなくて、他の子の番の時にサイコロを触ろうとしてしまうことが度々あります。

これは、ADHDそのものに起因とすると考えられます。先述のように、障害の症状とみられる問題行動の背景に、数やことばの理解の遅れが関わっていることがあります。しかし、それだけが、問題行動の原因ではありませんので、そこには気をつける必要があります。

● ステージ2に適したゲーム

7　レシピ

ホッパーエンターテイメント（日本）

　「レシピ」は、子どもたちに身近な料理が題材になっています。1つの料理を作るには、6種類の具材が必要です。自分が作る料理に必要な材料が何かを理解したうえで、必要な物を手に入れることができるかどうかが、ポイントです。

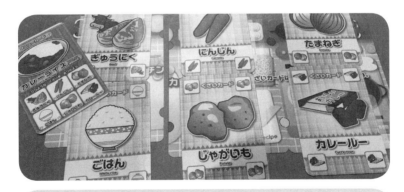

● ルール：プレイヤーには、「カレーライス」「スパゲティ」など料理が描かれたカードと、その材料となる様々な具材が描かれたカードが配られます。順番に具材カードを捨てていき、誰かが捨てたカードが自分に必要なカードだったら「レシピ！」と言って、カードを自分のものにします。6種類の具材が全て揃ったら勝ちです。なお、本来は具材カードを裏返しますが、ステージ2のお子さんは、表にしてプレイした方がわかりやすいでしょう。

8 メイクンブレイク

ラベンスバーガー(ドイツ)／(株)カワダ

　ステージ2で、数概念と並んでチェックしておきたいのが空間認知能力です。空間認知能力は、物の大きさや向き、あるいは奥行きなどといったものを正確に把握できる力のことです。子どもの空間認知能力を測るのに最適なゲームが、「メイクンブレイク」です。

● ルール：積み木とタイマー、課題が描かれた絵カードがセットになっています。タイマーをセットし、限られた時間の中で提示されたカードと同じ形に積み木を組み立てていきます。課題ができたら「できた！」と報告し、次の課題を組み立てます。タイマーが切れるまでにいくつ課題を作れたかを競うゲームです。

● 空間認知能力を鍛える

　空間認知能力が特異的に遅れている場合、書字や図画工作に極端な苦手さを示すことが多いです。また、片付けができなかったり物をなくしてしまうといった、生活上の課題にも影響を与えます。

　メイクンブレイクを発達障害のある子どもたちにプレイしてもらうと、得手不得手が極端に出やすく、勝ち負けが固定してしまうことがあります。それは、発達障害のある子の場合、空間認知能力が低い子ばかりでなく、逆に平均より高い子も多く含まれるからです。

　このゲームが優れているのは、課題の難易度がレベル１～３までに分けられていることです。そのため、空間認知能力の高いお子さんには難しめの課題を、苦手なお子さんには簡単な課題をといったように、指導者が提示する絵カードのレベルを調整することで極端な差が生まれずに、みんながゲームを楽しみながら、空間認知能力を鍛えることができます。

9 どれの仲間かな？

リンゴプレイ社（ドイツ）／（株）エルフ

　ステージ1で紹介した「楽しい色並べ」の上級編ともいえるゲームです。「どれの仲間かな？」は、物同士のカテゴリ分けを学びます。ルールや指導法は、「楽しい色並べ」と変わりません。

　ベッドの絵に対して、椅子やテーブルの絵を置いていきます。この列は、「家具」の列です。りんごの列にバナナやいちごを並べる「果物」の列や、農家や医者などの「職業」の列もあります。ことばの世界を拡げるとともに、ものには属する上位のカテゴリがあることを学べるゲームです。

指導の留意点 ❷

❶ 集団指導と個別指導を組み合わせる

　ステージ２の大きな目標のひとつに、集団参加があります。ゲームのルールや順番、勝敗の理解に困難のあるお子さんの場合、集団内でトラブルを起こしてしまうことがあります。そうした場合は、個別指導に戻し、ルールの理解を促してから改めて集団参加することで、上手く適応できるようになります。

　また、集団遊びに関心がなかったり不安を持っているお子さんの場合には、まずは指導員との１対１で安心して遊べる経験を積み、頃合いをみて集団参加をさせるとよいでしょう。

❷ 勝敗・順位・特点の概念の発達を促す

　ステージ２のお子さんは、勝敗や順位や得点といった概念を理解できるか、できないかという段階です。

　そこで、指導員はお子さんに、「あと４点でゴールだよ」「今２位だよ」などと、ゲーム中にことばかけをしてあげましょう。そうすることによって、お子さんに「順位や得点を意識してプレイする習慣を付けてあげる」ことができます。同時に、「勝敗に見通しの立たないまま突然負けに気付いて、かんしゃくを起こす」ということを防ぐことができます。

指導の留意点 ❷

３ 指導はオーバーリアクションで

　ステージ２に入ったばかりのお子さんは、ゲームをプレイする中で、自分にとって何が望ましい行動なのか何が残念な行動なのか、充分に理解できていないことが多いです。

　お子さんのプレイが望ましい結果を生み出したら「やったね！上手にできたね」と積極的に声かけして、拍手やお子さんとハイタッチをしてあげることで、お子さんが、「これは望ましい行動なんだ」ということが分かるように教えてあげることが大切です。

　逆に、お子さんのプレイが失敗に終わってしまった時は、「残念！次はがんばろう」といったように、声かけしてあげることも大切です。こうすることで、お子さんはゲームの中で何が望ましい結果で何がそうでないのかを明確に理解することができます。

❹ ゲームのパッケージや内容物を見せる

　それまで、ひとり遊び中心だったお子さんを集団参加させる時、「虹色のへびをやるから、一緒に遊びましょう」などと、ことばで誘ってもなかなか参加してくれない場合があります。

　この時は、お子さんの近くに行き、ゲームの箱や内容物を視覚的に見せてあげることで、ゲームの具体的なイメージが湧き、すんなり参加できることがあります。

　それでも参加が難しい場合は、Ｆくんの事例で説明したようにまずは大人と１対１でゲームを行い、そこに他の子を呼び込む形で集団を形成するとよいでしょう。

ステージ

7歳〜12歳

「客観的思考の形成」
「他者視点の獲得」

　7歳ごろを境にお子さんの認知能力は、「今ここにいる自分から離れて物事を考えられる」という大きな飛躍を見せます。その表れを、ピアジェは「脱中心化」と呼びました。

　ステージ3の目標の1つ目、「客観的思考の形成」とは、自らの主観を離れ、自分の外にある基準にもとづいて考えられることです。2つ目の「他者視点の獲得」とは、自分が直接経験していない他者の立場を想像できることです。

　どちらも、「今ここにいる自分から、離れて考えられること」すなわち、「脱中心化」を意味します。

　「脱中心化」が果たされることで、お子さんは目の前の出来事や自分だけの思い込みにとらわれることがなくなり、「現状にもとづいて、先の見通しを立てる」「相手の立場や意図を理解する」といった高度な認知ができるようになります。

　そのことが、場面の状況や相手の立場に応じた柔軟なコミュニケーションを可能にします。

ステージ3
療育の目標

● 状況や相手の立場を考える

　お子さんが「脱中心化」を果たすためには、子ども同士の対等な関係が欠かせません。

　他の子どもたちと関わる過程で、自分の気持ちや立場から一旦離れて、「今みんなは、どんなルールで遊んでいるんだろう」「こういう言い方をしたら、相手は嫌な気持ちがしないかな」と、状況や相手の立場を考えながら行動する機会が必要なのです。

　これまでの療育経験では、発達障害のあるお子さんの場合「脱中心化」が遅れる傾向があり、「ルールが守れない」「他人の気持ちがわからない」といった困難から、子ども同士の関わりでトラブルが生じているケースが少なくありません。

　その結果、子ども同士で関わることが不安になり、ひとりで過ごす時間が多くなることで、さらにコミュニケーション力の発達が難しくなるという傾向があります。

　そこで、お子さん同士が安心して関わりあえる場を作り、対等の立場で活発に関わり合うことが、コミュニケーション力の発達を促すうえで大切になると考えられます。

● 「脱中心化」とは何か ― ピアジェの実験から

　ステージ３の目標は、「今ここにいる自分から離れて物事を考えられる」こと、「脱中心化」にあります。「今ここにいる自分から離れる」とは、具体的にどんなことを意味するのでしょう。ピアジェが行った２つの独創的な実験を通じて、「脱中心化」を解説していきます。

・保存の実験

　下のように、「間隔を空けて置いた５つの碁石」と「間隔を詰めて置いた５つの碁石」を上下に並べ、「上と下、どっちが多い？」と聞きます。

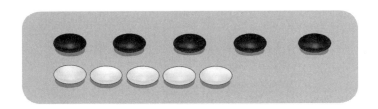

　幼児のお子さんの多くは「上」と誤って答えてしまいます。そして選んだ理由を聞くと「だって上の方が長いから」と答えることが多いのです。これは、見た目の長さという主観的印象にとらわれてしまうためです。
　それが、７歳ごろを境に「同じ」と正答し、その理由についても「上も下も５個だから」などと論理的に正しい結論を出せるようになります。

これは、主観から離れて数を成り立たせているルール、すなわち「数が1、2、3、4、5という順番で並んでいる」、「『5は4より多い』というように、量を表している」という、客観的基準に従うことができたからです。

・三ツ山の実験

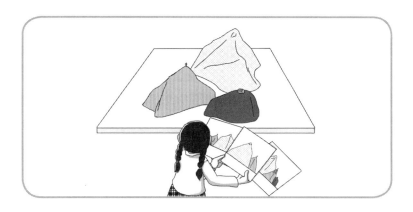

　机の上に、それぞれ色や高さの異なる3つの山の模型を作ります。お子さんをその一方の側に立たせ、いくつかの景色が描かれたカードを渡します。そして、「反対側からみえる景色はどれかな？」と問いかけます。

　幼児は、自分とは逆側の視点を想像することが難しく、自分が今見ているとおりの景色しか選べません。しかし、7歳以降、山の位置が逆になったり、手前の高い山の影に隠れて奥の低い山が見えなくなるといった具合に、反対側の視点から見た景色を想像できるようになり、12歳くらいでは正しい位置関係を想像して正答できるようになります。

● 脱中心化とシンボル

ピアジェは、ステージ3にあたる7歳〜12歳の時期を「具体的操作期」と名付けました。これは、「一定の構造に従いシンボルを操作できるようになる時期」という意味です。シンボルとは、ある具体的なものを別の記号で代表したものです。それを「構造にもとづいて操作する」とは、どういう意味なのでしょうか。

例えば、碁石を使った実験では、2列の碁石について長さという主観的な要素から離れ、数の構造という客観的な基準に従って「同じ数」と結論付ける必要がありました。

三ツ山の実験では、3つの山の位置関係をひとつの構造として捉えたうえで、自分が今いる立ち位置とは異なる立ち位置から見える景色を想像する必要がありました。

いずれも、頭の中に「構造」を作り、その中でシンボルを動かす必要があります。これができることで、自分の外にある基準で物事を考えたり、まだ起きていない先の出来事を推測したり、自分が経験していない他者の立場や意図を想像できるようになるのです。

● 発達は徐々に進み、個人差もある

もちろん、7歳になったからといっていきなりこれらの変化が起きるわけではありません。7歳前後から変化が始まり、12歳ころにかけて完成していきます。

また、発達のスピードには個人差があります。お子さんによっては、「脱中心化」の遅れが理由で、学業や集団遊びで他の子についていけず自己肯定感の低下や問題行動につながっているケースが少なくないように思います。

療育を通じて「脱中心化」をしっかり果たさせてあげたいところです。

10　ファイアドラゴン

HABA（ドイツ）／すごろくや

「ファイアドラゴン」は、すごろく形式のゲームです。中央の火山が度々噴火し、ランダムにルビーが飛び散り、噴火の瞬間、子どもたちの歓声があがります。ステージ3のお子さんが、客観的思考を練習するゲームとして最適です。

● ルール：ボードの中央に火山があり、ルビーが入っています。火山のフタを開けると、それがボード上にランダムに飛び散ります。プレイヤーは、2匹のドラゴンを動かせます。2つのサイコロを同時に振り、どちらのドラゴンをどちらのサイコロの目で動かすか選び、ドラゴンの止まったコマにルビーがあれば手に入れます。2つのサイコロのうち、使わなかった方の目の数だけルビーを火山に入れます。サイコロを振り噴火マークが出たら、火山のフタを開けます。こうすることで盤上には常にランダムにルビーが散らばる状態になります。ルビーを一番多く拾い集めた人が優勝です。

● 合理的な判断ができるかどうかが判断基準

「ファイアドラゴン」は、ボードゲームとしては単純な部類に入りますが、これまでご紹介してきたステージ1、2のゲームとは、明らかな違いがあります。それは、お子さんが「選択」する場面があることです。

サイコロの出目やドラゴンの場所、ルビーの落ちている位置や個数といった状況は常に変化します。しかし、「2×2の4通りの選択の中で最も多くのルビーが取れる選択をする」という考え方の枠組み＝構造は変わりません。

お子さんが、ゲームの構造を理解し、盤面の状況が変わったとしても一貫して合理的な判断ができるかどうかが、客観的思考ができているかどうかの判断基準となります。

ステージ❸・「客観的思考の形成」「他者視点の獲得」

ステージ3に達していない場合の特徴

● 経験にもとづいて主観的に判断してしまう

次の場合について考えてみましょう。サイコロを振ると、1と3がでました。①か②のドラゴンを、1と3、どちらかの数だけ動かすことができます。どう動かせば、最も多くルビーを獲得できるでしょう。

正解は、奥側の②のドラゴンを1つ動かし、4つのルビーを獲得することです。

しかし、客観的思考が身に付いていないお子さんの場合は、しばしば誤った判断をしてしまいます。

その間違え方には、お子さんがまだ脱中心化を果たしていないことを示す、ある特徴が現れます。

　それは、「自分から見て手近なドラゴンを、より大きなサイコロの目で動かす」という傾向です。

　例えば、手前の①のドラゴンを3つ動かして、3つのルビーを取るという判断をしてしまいがちです。

　手前の①のドラゴンを動かすのは、お子さんから見て目に入りやすく、手が届きやすいからです。

　また、サイコロの目が大きい方を選ぶのは、過去に遊んだすごろくの経験などから「たくさん進んだ方が得だ」と思ってしまうからです。

　いずれも見た目や過去の経験にもとづく主観的な判断です。お子さんの頭の中に、「2×2＝4通りの中で最も多くルビーが拾える選択肢を選ぶ」という考え方が、まだ確立されていないことを示しています。

選択肢を絞って判断できるかをみる

　お子さんが、「ファイアドラゴン」でしばしば誤った判断をしてしまう場合は、まずドラゴンを1匹に減らして、「どちらのサイコロを使うか」という2通りの選択肢に絞り、正しい判断ができるかどうかをみます。

　例えば、横の図ではサイコロの目は2と4、2つ進むとルビーを3つもらえますが、4つ進むと1つしかもらえない時に、お子さんが4つ進んでしまうことがあります。「4進むのと2進むのと、どちらがルビーを多く取れるかな？」と、問いかけてあげます。

それでも判断が難しいようなら、実際にドラゴンのコマを動かしながら、「4つ進んだらいくつ取れる？」「2つ進んだらいくつ取れる？」といったように、2回に分けて問いかけてあげましょう。

　こうした問いかけを通じて、お子さんが適切な判断ができるようになったら、改めてドラゴンを2匹に増やします。

● 数の概念が身に付いていないなら

　もし、ドラゴン1匹の状態でも正しく判断できないようであれば、まだ数の比較ができておらず、「ファイアドラゴン」自体がお子さんにとって難しすぎるゲームだということになります。

　こうした場合、ステージ2の「雲の上のユニコーン」などで数の概念を身に付けることが、その子に合った療育課題になります。

「客観的思考」を学ぶゲーム

● ルールの構造の理解と勝利への判断

　ステージ３では、お子さんがそれぞれのゲームが持つ「ルールの構造」を理解したうえで、勝利により近い選択ができることを目指していきます。

　この時、選択肢が多すぎたり、選択が正しかったかどうかがゲームの最後に判明するようなゲームは、お子さんにとって判断が難しく、指導者にとってもお子さんの下した判断が正しかったのかどうか見極めるのが難しくなってしまいます。

　「客観的思考の形成」を促すゲームとして適しているのは、選択肢の数が限られ、なおかつ選択した結果がすぐ明らかになるゲームです。

11 パカパカお馬

HABA（ドイツ）／すごろくや

　「パカパカお馬」は、きれいな盤面と大きな馬のコマが目を惹く、美しいゲームです。選択の要素があるゲームですが、運の要素も強く、極端な実力差はつきません。そのため、ステージ2にいるお子さんが3へさしかかろうとする時、はじめて選択の要素に触れるゲームとして最適です。ステージ2と3のお子さんが一緒に遊ぶ時にもオススメです。

● **ルール**：各プレイヤーには、袋やニンジンなどの道具をはめることができるパネルが配られます。プレイヤーは、馬のサイコロと道具のサイコロを2つ同時に振り、馬を進めるか、道具をもらうか、どちらかを選びます。「馬がゴールに達する」「道具を全て揃えてパネルを完成させる」という2つの条件が揃って、はじめて勝利となります。

12　インカの黄金

グリフォンゲームズ社（アメリカ）／（株）アークライト

　「インカの黄金」は、古代インカ文明が遺した神殿を探検し、財宝を得ていくゲームです。輝く宝石やテントといった小道具が、子どもたちの冒険心をかきたて、大人気のゲームです。

　プレイヤーは、「危険を冒して洞窟の奥に進む」か「安全を優先してキャンプに帰る」かの判断を迫られます。奥へ進むほど多くの財宝が得られますが、へびやミイラ、落石などの危険にも多く遭遇します。危険を冒しすぎるとそれまで集めた財宝を捨てて逃げ帰らなければなりません。

　目の前の宝石の誘惑にとらわれず、報酬と危険を天秤にかけて、適度なところで帰れるかどうか考えるところが、客観的思考の練習になります。最大で8人まで遊べるのも大きな強みです。1つ持っておくと様々な場面で活躍できます。

13　すすめ!!海賊さん

すごろくや（日本）

　「すすめ!!海賊さん」は、2人専用のシンプルなゲームです。2艘の海賊船がゴールを目指して競争します。

　お互いに「2」「1」「爆弾」の3枚の札を持ちます。リスクを冒してカードを引くか、引かないで慎重に進むか、自分のカードと相手のカードの内訳を想像しながら、リスクとリターンを天秤にかける判断のくり返しが、客観的思考の練習になります。

　このゲームの特徴は、何と言っても500円と安いことです。まずは、お子さんとアナログゲームの相性を見たいという場合は、「すすめ!!海賊さん」を1つ買ってみることをオススメします。

ステージ❸・「客観的思考の形成」「他者視点の獲得」

●「他者視点」を学ぶゲーム

● 他者視点の獲得と実践的コミュニケーション

　冒頭の「三ツ山の実験」でピアジェが示したように、ステージ3に入った7歳ごろのお子さんは、他者の視点に立って考えることがまだ難しく、自分の視点だけで物事を考えてしまいがちです。

　そのため、その場のルールを考えず思い込みで行動してしまったり、相手にどう思われるのかを考えることなく自分の都合を優先させてしまうといった行動が見られます。

　そんなお子さんに他者視点を獲得してもらうためには、まず、「他者が自分とは違う考えを持っている」ことに気付いてもらう必要があります。

　アナログゲームの中には、プレイの中にコミュニケーションが含まれるゲームが多数あります。そうしたゲームを使うことで、他者視点の獲得と実践的なコミュニケーションの練習をくり返し行うことができます。

14　かたろーぐ

ちゃがちゃがゲームズ（日本）

　「かたろーぐ」は、好きなカタログを使って「好きなものランキング」を作り、他の人に当ててもらうというゲームで、自分と他者の考えの違いに気付くのに最適なゲームです。

● ルール：カタログの品目の中から7つを選び、その上に異なるマークの7つの石を置きます。主役となるプレイヤーは、石と同じマークが描かれた7枚のカードを持ち、自分が好きなものから順番にカードを裏返しに置いていきます。こうして作られたその人の「好きなものランキング」を、他のプレイヤーは1位から順番に当てていきます。ランキングを当てる前に、ヒントとしてランキングの真ん中の4位のカードを表にすると、相手の好みを考えるきっかけにできるでしょう。

● 身近なカタログで何でもランキングに

「かたろーぐ」には、「食べもの」「おしごと」「おもちゃ」「たのしいこと」のカタログシートが付属しています。まずはこれを使って遊んでみますが、それ以外にも、身の回りにあるカタログを使い何でもランキングにできるため、無限の発展性があります。

―――――― 身の回りで使える例 ――――――

1）宅配ピザ屋のチラシで、どれが一番好きなピザかを当てる。外食した時に、お店のメニューでやってみるのもよいですね。

2）好きなアナログゲームをランキング。指導者にとっては、子どもたちの好みを把握するきっかけになります。

3）タブレットで画像検索を使えば、カタログがなくても好きなテーマでプレイできます。

他者に関心の薄いDくんのケース

● 興味のあるジャンルから入る

Dくんは、小学6年生で、中度の知的障害を伴う自閉症のお子さんです。他者への関心が薄く、みんながゲームで遊んでいる時でも、ひとりで電車や飛行機の図鑑を見ていることが多いです。そこで、「かたろーぐ」を使ってDくんが他の子に関心を持つきっかけを作ることにしました。

Dくんが、図鑑を拡げて大好きなジャンボジェットの写真を眺めていました。そこで「Dくん、ちょっとゲームをしてみよう。この中で一番好きなジャンボジェットから順番にこれ置いてみて」と、カードを渡しました。

ジャンボジェットというのは、みんな同じような形をしていて素人目には目立った違いはないように見えるのですが、Dくんは躊躇なくカードを置いていきます。彼の中にはハッキリとした好みがあるのです。

ステージ❸・「客観的思考の形成」「他者視点の獲得」

● 選んだ理由を聞きながら

　ランキングができあがったところで、他のお子さんを呼びました。子どもたちは、Ｄくんがランキングしたジャンボジェットの写真を見て、「大体どれも同じに見えるけど……」と困惑気味です。まずは、あてずっぽうで１位を当てさせました。その結果、みんなが予想した最新型の機体はハズレ。Ｄくんが選んだのは、旧型の機体でした。

　「どうしてこの旅客機が一番好きなの？」と聞くと、「搭乗口の形がカッコいいから」と、Ｄくん。子どもたちから、「うわーそんなところ見るんだ」「言われてみればカッコいいかも……」などと感想が漏れました。

　２位を当てる時、子どもたちは前回の失敗を教訓に搭乗口を気にしながらＤくんの好きそうな機体を選びました。ところがまたもやハズレ。

　「この旅客機が２番目に好きな理由は何？」と子どもたちに聞かれたＤくんは、「尾翼がカッコいい」と答えました。「うわーそっちかー！」と、みんな大爆笑でした。

● 出題者から回答者へ

　Dくんのジャンボジェット機に対する独特な価値観は、そのままでは他の子と共有するのが難しかったでしょう。しかし、「かたろーぐ」を通じて他の子と楽しみながら、その価値観を共有することができました。

　指導は、これで終わりではありません。「今度はEちゃん、君の好きなおかしでかたろーぐやってみようか」と別の子を主役にプレイをします。今度はDくんが他者の好みを当てる番です。

　お題を出す側で一度ゲームを経験しているDくんは、見通しがついて安心できたのか、Eちゃんがどのおかしが好きなのか、自分なりに考えてプレイできていました。

　「かたろーぐ」をプレイした経験は、他者への関心が薄かったDくんにとって、自分の価値観を他者に理解してもらう体験となり、ひいては他者の価値観に関心を持つよいきっかけになりました。

15 ヒットマンガ

TANSAN FABRIK（日本）

　どうすれば、自分の伝えたいことをわかりやすく相手に伝えられるのかを考えることも、他者視点獲得のよい練習になります。「ヒットマンガ」は、その練習として最適です。

● ルール：基本ルールは、カルタと同じです。マンガのワンシーンが描かれた取り札を、テーブルの上に並べます。プレイヤーの1人が読み手となり、読み札に合わせたセリフを言います。他のプレイヤーは、読み手のセリフを手がかりに、取り札の中から正しい1枚を取ります。間違った場合は「おてつき」となり、そのプレイヤーはその回は札を取ることができません。全員が「おてつき」になった場合、読み手は「連載打ち切りカード」を受け取り、マイナス点となってしまいます。

他者視点に立ちセリフを考える

●「自由にセリフを作る」難しさ

カードには、取り札にも読み札にも一切のことばが書かれていません。読み手は、カードに描かれた状況を把握して、他のプレイヤーに伝わりやすいセリフを創作する必要があります。ステージ3でもやや難易度が高い部類に入りますので、小学4年生以上のお子さん同士で取り組むのが無難です。

例えば、右の女の子が電話をかけているカードであれば、「もしもし田中くん？」など、セリフの中に電話をしていることがわかるような要素が加わっていれば伝わるでしょう。

しかし、男女2人が話しているカードは、少し難易度が高いです。フキダシが男の子と女の子の中間にあり、どちらが話しているのかわかりにくく、2人の表情もやや曖昧です。「学生服」「男女2人が話している」などから、「今日のデートはどこにする？」

といったセリフなら伝わる可能性が高いと思います。

小学5年生のSさんのケース

● 間違いではないけれど、他の人に伝わらない

小学5年生でASDのあるSさんは、2人の宇宙人が手を取り合っているカードを引きました。

Sさんは、このカードを見て「僕たち友だちになろうね」というセリフを考えました。ところが、このセリフは他の子どもたちに上手く伝わらず、Sさんは「連載打ち切りカード」をもらってしまいました。

Sさんが引いたカードを見ると、2人の宇宙人が手と手を取り合っていて友好的な関係に見えます。このカードに、「僕たち友だちになろうね」というセリフを当てはめることは、

間違いとは言えません。しかし、Ｓさんのセリフには、宇宙人同士が話していることにつながる要素がありません。

● 他の人がどこに注目するかを考えさせる

指導員は、一旦プレイを中断し、Ｓさんに「どうやったらもっと伝わりやすいセリフになるかな？」と問いかけました。Ｓさんは、しばらく考えましたがよいアイデアが浮かびません。

そこで指導員は、カードを見せながら「他の人がこのカードを見た時、最初に注目する場所はどこだと思う？」と問いかけました。するとＳさんは「宇宙人がしゃべっているところかな……」と、答えました。

Ｓさんの答えを受けて、指導員が「では、どうすればこのセリフに宇宙人らしさを加えられると思う？」と改めて問いかけると、Ｓさんはしばらく考えたうえで「ボクタチトモダチニナロウネ」と独特な発音でセリフを言いました。セリフ自体を変える代わりに、声のトーンを宇宙人らしくするという工夫です。

「その言い方だったら他の子には『しゃべっているのは人間ではなく、宇宙人だ』と伝わりやすくなるね。次は、他の人はカードのどこに注目するか考えてみてからセリフを考えてみよう」と伝えました。

次回以降、Ｓさんはカードの特徴を盛り込んだセリフを言うことができ、連載打ち切りカードをもらうことはありませんでした。

101

16　私はだあれ

LOGIS（リトアニア）／すごろくや

　「私はだあれ」は、他者視点の獲得に先立ち、他の子とのコミュニケーションを体験するのに適したゲームです。

　16種類の動物の絵と、同じ種類の動物の着ぐるみを着た子どもの絵がセットになっています。1人の子が、動物の絵が描かれたカードを持ち、他の子からの質問に答えます。質問は、はい／いいえで答えられる質問でなければなりません。例えば、「その動物は空を飛びますか？」、「その動物はおとぎ話によくでてきますか？」といった質問はできますが、「その動物は何色ですか？」、「尻尾はどんな形をしていますか？」といった質問はできません。質問者は、正解がわかったらその動物の着ぐるみを着た子どものカードを取ります。正解だったら、そのカードを自分のものにすることができます。

指導の留意点 ❸

1 「指示」から「問いかけ」へ

ステージ2までの指導者の役割は、お子さんが間違った時には正しい行動を指示してあげ、それができたらオーバーリアクションでほめてあげることでした。

しかし、ステージ3では、お子さんが「自力で正しい選択を導きだす」ことをサポートするのが指導者の役割です。正解を教えてあげることは、逆に成長のチャンスを奪うことになりかねません。

ステージ3で指導者が主に使うのは、問いかけです。以下の2つが主な問いかけ方になります。

1) 選択肢を明示し選ばせる

2) 選択した結果をイメージさせる

指導の留意点 ❸

2　多種類のゲームをプレイさせる

　ステージ3の課題は、ゲームの構造を理解し、その構造にもとづいて正しい判断ができるかどうかにあります。

　お子さんが、一旦ゲームの構造を理解してしまうと、あとは目の前の状況を当てはめていくだけの、パターン化された作業になりがちで、お子さんは飽きてしまいますし、客観的思考の練習にもなりません。

　ステージ3では、1つのゲームだけをくり返し遊ばせるのではなく、予め2、3種類のゲームを用意しておき、それらをローテーションしながらお子さんが様々なゲームの「構造」を理解することを目指すのが、お子さんの参加意欲を高め、客観的思考の獲得を促すうえで効果的です。

第2部

人と関わる勇気を育てる

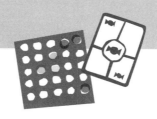

1
参加できない子への対応
－勇気を回復する－

2
アナログゲーム療育の指導

1

参加できない子への対応
－勇気を回復する－

● 集団遊びに対する子どもの「不安感」

　これまでは、お子さんの発達段階に合わせてゲームを紹介してきました。しかし、実際に発達障害のあるお子さんにゲームを実施しようとした時、彼らが様々な問題行動を起こしてスムーズに療育が進まないことがあります。その原因はたいていの場合、集団遊びに対するお子さんの「不安感」にあります。

発達障害のあるお子さんは、過去の集団活動や遊びでの失敗で、他の子から笑われたり仲間外れにされた経験を持っていることが多く、「自分は他の子と一緒に仲良く遊ぶことができない」と思い込んで、集団参加に不安を持っていることが多いのです。

● 子どもは「不安感」を様々な行動で表す

　ゲームへの参加に不安を感じるお子さんは、その気持ちを様々な行動で表します。一番わかりやすいのは、ゲームへの参加を拒否することです。また、ゲームのルールをわざと破ったり指導者や他の子に暴言を言ったりすることもあります。

　多くの場合、不安の裏返しとして「自分を強く見せなければならない」とお子さんが思い込むことで起きています。

　中学生以上になると、暴言を言うようなわかりやすい問題行動は影を潜めますが、その代わりにゲームと関係ない冗談を言って他者の関心を自分に集めようとしたり、勝負にわざと負けて見せたりと、よりわかりにくい形で不安を表すことが多くなります。

● 子どもの「不安感」を見落としてしまうと……

　アナログゲームは、一般的に老若男女誰でも楽しめる気軽な遊びと思われています。しかし、アナログゲームには「優劣がハッキリとつく」「ルールを理解しないと迷惑がかかる」といったように、お子さんを「不安」にさせる要素が少なからず含まれています。

　指導者が、「アナログゲームは誰でも気軽に楽しめる」という先入観を持ったままでいると、問題行動の背景にお子さんの不安感があることを見落としがちになります。

　その結果、お子さんがゲームに参加を拒否するのを見て、「ゲームに興味を持っていない」と判断して、それ以上の関わりを諦めてしまったり、暴言を言う子を叱責してしまったり、わざと負けようとする子に、「真剣にやれ」と怒鳴ってしまったりすることがあります。

　いずれも、表面的な問題行動にとらわれて、その奥にある本人の不安感を見落としてしまっている対応です。こうした対応は、お子さんの指導者に対する信頼を失わせるばかりか、集団参加への不安感を逆に強めてしまいかねません。

● アナログゲームで勇気を取り戻す

　しかし、遊びやスポーツ、料理や工作といった、集団アクティビティと比べた時、お子さんの集団参加に対する不安を取り除くうえで、アナログゲームが適したツールであること

も確かです。

　スポーツでは、身体能力や経験の差がストレートに勝敗につながってしまいますが、アナログゲームの場合、未経験のゲームや運要素の強いゲームを選ぶことで、誰でも活躍できるように調整ができます。

　また、共同で料理や工作をやろうとすると、誰が何を担当するのか、お子さんたちの能力や意欲に応じて役割分担をしますが、アナログゲームでは、全てのお子さんに1人のプレイヤーとしての平等な役割を与えることができます。

　アナログゲームによって、集団参加に不安を抱えるお子さんが勇気を振り絞ってゲームに参加し、「最初は不安だったけど、やってみたら楽しかった」という思いを持てたなら、その経験が別の場面、例えば学校や地域での活動において、集団参加をする勇気を取り戻すことにつながります。

1）集団参加ができない子への対応

● ゲームの魅力で集団の輪に引き込む

　発達障害があり、注意力や他の子の気持ちを想像することに困難を抱えていたり、集団遊びで失敗して人と関わることに不安感を抱えているお子さんに、集団参加の経験をしてもらうためには、指導者の手助けが必要になります。

　不安が強くゲームの輪に入ろうとしないお子さんに、どうしたら参加してもらえるのでしょうか。

　過去の失敗体験に根ざした困難ですから、小手先のテクニックではどうにもなりません。こういう時は、お子さんの「怖い、やりたくない」という気持ちよりも、「面白そう、やってみたい」という気持ちが上回るようにするしかありません。一種の力勝負です。

● 子どもが参加しやすいゲーム・1

17　キャプテン・リノ

HABA（ドイツ）／すごろくや

　見た目のインパクトNo.1、「キャプテン・リノ」は、ゲームへの参加に不安を感じているお子さんに、不安を乗り越えて集団の輪に入ってもらうためによく用いるゲームです。

　プレイヤーごとに配られたカードを使って、高いタワーを組み立てていきます。キャプテンリノマークの入ったカードが置かれると、次の人はキャプテンリノ人形をカードの上に乗せなければいけません。タワーが崩れたら負けなので、ドキドキの瞬間です。

　上手く積み上げるとタワーの高さは1m以上になり、大変迫力があります。「いつ崩れるか……」と子どもたちが感じると、スリルも最高潮になります。

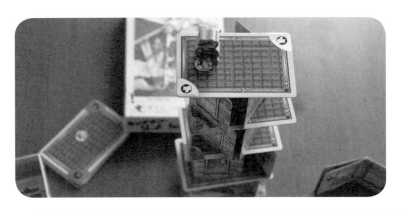

参加しない子は、まずは見学してもらう

● 見学が不安感を軽減させる

　ゲームが不安で参加を渋る子がいた場合、無理に参加させようとはせず、まずは他の子がプレイしている様子を見学してもらいます。

　積み上がるタワーのビジュアル的なインパクトや、そこに一喜一憂する子どもたちの歓声は、見学中のお子さんにとって、ゲームに興味を感じるきっかけとなります。

　一般的なカードゲームやボードゲームに比べると、タワーを作り上げていくキャプテン・リノは、見た目のインパクトがあり、プレイヤーが自分の順番で何をするのか、どうしたら勝ちでどうしたら負けなのかが見た目に明確です。そのため、傍で見ているお子さんにとって興味を感じやすく、また、プレイに対する見通しが立ちやすいので、参加意欲を持ってもらいやすいのです。

● 最初不安だった子ほど意欲的に取り組む

　最初ゲームへの参加を拒否するお子さんでも、まずは見学してもらうことで、ゲームに興味を持ってもらい、プレイへの見通しを立てて不安感を減らすことが大切です。それができれば、2回目のプレイの際、改めて参加を促すことでゲームの輪にスムーズに入っていける可能性が高くなります。

　最初ゲームへの参加を渋っていた子ほど、一旦ゲームに参加すると誰よりもプレイを楽しみ、ゲーム会が終わるころには「またやりたい！今度はいつ来てくれるの？」と言ってくれます。

　こういう時、その子は単にゲームが楽しかっただけでなく、不安を乗り越え集団に参加できたことへの喜びを感じているのです。この喜びが、人と関わる勇気を回復させることにつながります。

●「勇気を回復」させる力

　このように、アナログゲームには集団参加に対する不安を感じているお子さんを、その不安を上回る興味で惹きつけ参加を促し、結果として人と関わる勇気を回復させる力があります。

　この「勇気を回復させる」ことは、コミュニケーションスキルの獲得と並んで、アナログゲーム療育の重要な目的のひとつです。

113

18 バウンス・オフ！

マテル（アメリカ）／マテル・インターナショナル

　「バウンス・オフ！」は、ボールを投げ入れるだけなので、ゲームで遊ぶことに不安があるお子さんでも気軽に参加しやすいのがメリットです。ルールは、2つのチームに分かれ交互にボールを投げ入れ、決まった形に先にボールを並べたチームが勝ちです。

　ボールは、1回以上バウンドさせてから、枠の中に入るように投げ込む必要があります。最初は案外難しく、ボールが変な方向に行ってしまいますが、数回プレイすると、

狙ったところに投げ入れられるようになります。回数を重ねるごとに、自分が上手くなっていく楽しさを感じやすいゲームです。

19 イチゴリラ

すごろくや（日本）

　「イチゴリラ」は、神経衰弱とよく似たルールを持つゲームです。1枚ずつタイルをめくり、同じ絵柄が揃ったらそのタイルを自分のものにできます。ただし、「サンタクロースは3枚」「ゴリラは5枚」といった具合に、それぞれの絵柄ごとに決まった枚数をめくらなくてはなりません。ゴリラの他に「ごくう」というゴリラによく似た絵柄のカードも入っており、紛らわしくて間違いが頻繁に起こります。1枚、2枚、3枚、4枚、とゴリラをめくったのに、最後の1枚だけごくうだったりすると「わぁー！残念！」となり、大いに盛り上がります。

　イチゴリラは、子どもたちにとって馴染みのある神経衰弱のルールがもとになっているため、何をすればよいのか、どうすれば勝ちなのか、見通しがつきやすく安心して遊ぶことができます。

1・参加できない子への対応

2）暴言・暴力がある子への対応

● ゲームを始めようとすると暴言・暴力が

　あるイベントで、発達障害のある子どもたちにアナログゲームをプレイしてもらった時の出来事です。2組の兄妹がはじめて出会い、一緒にゲームを楽しんでもらう予定でした。

　ところが、これからゲームを始めようとした時、突然お兄さんが妹の頭をポカリ！と叩いたのです。私は、お兄さんに「叩いてはいけません」と言い、兄妹の間に自分の体を入れて物理的に手が届かないようにしました。さらに、再度ゲームを始めようとした時、今度は兄妹の向かいに座っていた双子の兄弟が、突然掴み合いのケンカを始めたのです。

● 未知の状況に対する不安から

　一見不可解に見える子どもたちの行動ですが、お子さんがはじめての場所ではじめての子どもと接した時、しばしば暴力的な行動に出ることを、私はこれまでに何度か目にしてきました。

　はじめての場所、はじめて遊ぶゲーム、はじめて会う子。彼らの気持ちの中には、未知の状況に対する不安があります。

●「自分を強く見せなければ」という気持ちから

　そのために、子どもたちはお互いに「馬鹿にされてはならない」「自分を強く見せなければならない」と考え、暴力的な行動に出ることがあるのです。

　今回の場合、妹を叩いた男の子と、それを見てケンカを始めた双子の兄弟とは、お互いに弱みを見せてはならないと思い、自分より弱い子を叩いたり、お互いにケンカを始めたのだと思われました。

　ここで、プレイしてもらったのが、次に紹介するナンジャモンジャというゲームです。

● 子どもが参加しやすいゲーム・2

20　ナンジャモンジャ

SIMPLE RULES（ロシア）／すごろくや

「ナンジャモンジャ」のカードには、何とも説明のしがたい奇妙な生物のイラストが描かれています。勝負に勝つだけでなく、面白い名前を付けることでも活躍できるゲームです。

● ルール：カードを1枚ずつめくり、1人ずつ順番に生物に自由に名前を付けていきます。カードをめくっていき、名前を付けた生物のカードが再び出てきたら、その名前を言います。名前を一番早く言えたプレイヤーが、それまでめくったカードをもらうことができます。全てのカードをめくり終えた時、一番たくさんのカードを取った人が勝ちです。

ゲームに参加するきっかけを作る

　ケンカはようやく仲裁したものの、最初からギスギスした雰囲気で始まったゲーム会、私は、「ナンジャモンジャ」で遊んでもらうことにしました。

　まず、自由に名前を付けてよいことを示すために、最初の生物にだけ、私が名前を付けました。「よし！この生き物の名前は『四小の田中』だ！」と私が言うと、見た目と全然関係ないシュールな名前に、子どもたちから笑い声が起きました。

　これをきっかけに、「面白い名前を自由に付けてよい」ということがわかった子どもたちは、「どうやったら面白い名前になるか」を考えるのに一生懸命です。

　上の写真のナンジャモンジャたちに子どもたちが付けた名前は、左から「みどりん」「みどりモジャモジャ生物」「サンフランシスコ」「おばさん」。子どもたちが新しい名前を付ける度にみんな大笑いです。

● 終始笑いが絶えなくなった

　そして、カードをめくった時、すでに誰かが名前の付けた生物だったら「みどりん！」「サンフランシスコ！」といった具合に、素早く名前を言うのです。特に「みどりん」と「みどりモジャモジャ生物」が紛らわしく、言い間違いが続出して、その時も場がドッと湧きます。

　「ナンジャモンジャ」で遊ぶうち、当初あったギスギスした雰囲気は吹き飛び、終始笑いが絶えずにゲームが進んでいきました。

　その後、数種類のゲームを遊びましたが、ライバル視し合っていた男の子と双子の兄弟の距離はグッと縮まり、会が終わると「俺たち友達だよな！」と肩を組んで帰っていきました。

● 暴力以外で目立てる機会を用意

　ゲーム会が始まる前、暴力的な行為に出ていた子どもたちからは、「馬鹿にされたくない」「自分を弱く見せてはならない」という気持ちが見てとれました。つまり、「自分をよく見せたい」という欲求が強かったのです。この欲求自体は、咎められるべきものではありません。ただ、その表現の仕方が暴力であったということが、よくなかったのです。

　そこで私は、子どもたちの自分を強く見せたい、目立ちたいという欲求を、暴力以外の形で、表現できるゲームを用意しました。それが「ナンジャモンジャ」でした。

　ナンジャモンジャは、カードをたくさん獲得するというゲームとしての目標もありますが、それ以上に「カードに描かれた生物に自由に名前を付ける」ところに面白味があります。「面白い名前を言う」ことで、暴力に訴えなくとも「面白いヤツ」として目立てる機会を用意したのです。

叱責は逆効果

● 叱責は「強い自分」をアピールさせる

お子さんが、「自分を強く見せよう」として場の秩序を壊すような問題行動を起こした時、指導者が大きな声で叱責したり、「なぜそのようなことをするのか」と問い詰めたりするのは逆効果で、さらなる問題行動につながりかねません。

それは、問題行動を起こした子は、指導者の叱責を引き出したことで、「怒られるようなことを平気でやってしまう、悪くて強い自分」をアピールすることができるからです。

強く叱責すれば、その場はおとなしくなるかもしれませんが、すぐに新たな問題を起こして注目を引こうとするでしょう。

● 別の新たなトラブルが起こる

叱責がさらに悪いのは、問題を起こしたお子さんを叱っている間ゲームが中断し、他のお子さんはただ待っていなければならないことです。

別の子が叱られて注目を集め、自分は手持ち無沙汰になっている状態は、他のお子さんにとっては面白い状況ではありません。そのため、叱られている子とは別の子が席を立ったり、他の子にちょっかいを出したりして、別の新たなトラブルが起こりがちです。

指導者が、それまでの叱責をやめ、新たなトラブルの収拾に向かおうとすれば、今度はそれまで叱責を受け注目を独り占めできていた子は面白くありません。その子は新たな問題を起こして再度注目を得ようとするでしょう。

このように、指導者が叱責することで結果的にあちらこちらで新たなトラブルが起こり、集団の秩序が維持できなくなるというのが、集団活動が壊れる時の典型的なパターンです。

淡々とした対応で選択肢を提示する

●「無視」して、淡々と進行する

問題行動を起こすお子さんに叱責が使えないとするなら、どのように対応したらよいのでしょうか。

お子さんが自分に注目を集めようとして、卑猥なことばを言ったり、わざと時間をかけてサイコロを振ったりする程度なら、その発言に注目を与えず淡々とゲームを進行すること、「無視」が有効です。

お子さんが、「場の秩序を壊すような行動をしても、指導者の注目を得られない」とわかれば、そうした行動が消えることが期待できます。

●「無視」を続けると集団が維持できない

しかし、実際の療育においては、「無視」が使えない場面の方が多いです。

例えば、その子が暴言を言うのを指導者が無視しても他の子が反応して面白がってしまったりすれば、その子はゲームそっちのけでますます暴言をエスカレートさせるでしょう。また、他の子の悪口を言ったり、ゲームの進行が不可能になるようなルール違反をわざとするような時に、指導者が「無視」を続けることはできません。

● 感情を込めずにその場の決まりごとを提示する

　このような時は、私が「カジノの黒服対応」と呼んでいる仕方で対処します。カジノでギャンブラーたちを見張っている黒服のセキュリティガードのように、感情を込めず、淡々とその場の決まりごとを提示し、それが守れなかったら何が起きるかを伝えます。

　例えば、次のようなことばがけです。「○○くんがルールを守らないので、みんなで楽しくゲームができません。ルールを守ってください。守らないのであれば、ゲームをやめて別の部屋に行ってください。どちらにしますか」。

　ルールを守らないとどうなるかを、明確に提示したうえでそれに従うかどうかの判断を、子ども自身に任せてしまうことがポイントです。

● 指導者が上に立つのはNG

　指導者は、あくまで場の全員が楽しく過ごせるように配慮しているのであり、大人の勝手な都合で「命令」しているのではないということが、子どもに伝わる必要があります。

　例えば、次のような言い方はNGです。「○○くん、そんなに悪いことばっかりするなら、ゲームをやめて別の部屋に行ってもらいますよ。ルールを守るように先生とお約束できますか」。

　前頁のセリフと、子どもに求めていることは同じです。しかし、お子さんには、「指導者が上に立ち、その場で指導者が勝手に作ったルールを、押し付けられている」と聞こえてしまいます。

　こうした言い方は、お子さんの反発を招くので避けなければなりません。

集団崩壊を避けるためには指導者2人体制で

　集団の崩壊を避けるために、もうひとつ重要なのは指導者の配置です。後の章で詳しく説明しますが、複数人のお子さんでグループを組む場合、療育をスムーズに進めるためには、1グループにつき2人の指導者をつけることが原則です。

　1人の指導者（メイン）は、ゲームの進行に徹し、個々の子どもたちとはあまりやりとりはしません。

　もう1人（サブ）は、つまずきのある子や、問題を起こしている子に個別に対応します。何かトラブルが起きたらサブが対応し、メインはあくまで司会進行を続けます。

　こうすることでゲームが中断して子どもたちの集中が削がれるのを防ぐことができます。

問題行動への対処の指針となる
「アドラー心理学」

これまで、自分を強く見せようとして場の秩序を乱してしまう子への対応を解説してきました。こうした対応は、単に集団療育をスムーズに進めるために必要だというだけでなく、その子が社会性を身に付けるうえで重要な療育機会にもなります。そして、集団活動におけるお子さんの心理を理解するうえで、大きな助けとなるのが、心理学者アルフレッド・アドラーによって創始された「アドラー心理学」の考え方です。別名「対人関係の心理学」とも呼ばれています。

問題行動の元にある3つの概念

●「優越性の欲求」

特に重要なのが、「他人よりも優れたい」「理想の状態を追求したい」という「優越性の欲求」という概念です。この欲求は、子どもだけでなく、大人も持っています。このことを踏まえておくと、子どもがなぜ問題行動を起こすのか、そこに指導者としてどんな心持ちで臨めばよいのか、が整理されてきます。

●「劣等感」

「優越性の欲求」の欲求と対になっているのが「劣等感」という概念です。これは、優越性の欲求が満たされない時に出てくる感情で、「私は人より劣っている」「私は価値がない」という気持ちです。

「劣等感」と聞くと、恥ずかしい感情のように思われがちですが、アドラーはそれは誰にでもあるもので、悪い感情ではないと言います。例えば、【オリンピック選手がメダルを逃し、メダリストに比べ自分の実力の足りなさを悔しがる】、これも劣等感なのです。この感情は、さらなる努力への意欲ともなりますから、決して悪いものではないのです。

●「劣等コンプレックス」

他方、アドラーが克服すべき対象としてあげているのが「劣等コンプレックス」です。これは、劣等感が強すぎる場合に、問題に直面しようとせず、不適切な形で優越感を得ようとする感情です。

先の、妹の頭をポカリと叩いた男の子に、「劣等コンプレックス」の現れを見ることができます。この行動の背景には、見知らぬ子たちと見知らぬゲームをやることへの「ゲームに負けてしまうかもしれない」「失敗して他の子に馬鹿にされるかもしれない」という不安感、言いかえれば、自分が他者より劣るのではないかという劣等感があると考えられました。

● 3つの概念をおさえれば、対処法が見出せる

　彼の「他者より劣る」という劣等感は、本来であれば、「ゲームで活躍する」「他の子と仲良くゲームを楽しむ」といった、社会的に受け入れられる健全な形で克服されるべきなのですが、彼の場合は、自分がよく知っている弱い存在である妹の頭を叩くことで、強い自分をアピールし、社会的に望ましくない形で他の子に優越しようとしたと考えられます。

　それに対して、私は「ナンジャモンジャ」で「面白い名前を言う」行為を通じて、彼を含め参加した子どもたちがゲームのルールの枠内で目立つ機会を作り、優越性の欲求を満たせるような仕掛けを作りました。

　結果的に、面白い名前を言って他の子たちに笑ってもらったことで、本人の欲求が満たされ、問題行動がなくなりゲームに集中できるようになりました。

　このように、

・「優越性の欲求」

・「劣等感」

・「劣等コンプレックス」

　3つの関係をおさえておくことで、ゲーム中にお子さんが見せる、場の秩序を壊すような問題行動の理由とそこへの対処法が見出しやすくなります。

130

指導の基準となる「共同体感覚」

●「共同体感覚」とは

　ゲームを使った集団療育においては、しばしば何が問題行動であり、何がそうでないのかの判別が難しくなります。その時に拠り所となるのが、アドラー心理学の中核をなす概念である「共同体感覚」です。

　「共同体感覚」とは、

> ・私は、ここにいる人に助けてもらえる（他者信頼）
> ・私は、ここにいる人の役に立てる（貢献感）
> ・私は、ここにいても良い（所属感）

の３つからなり、「人はこの感覚を持って生きている時に幸せを感じられる」とアドラーは言っています。

　お子さんが場の秩序を乱してしまうような行動に出た時、それが何らかの対処によってなくしていくべきものなのか、それともお子さんの自然な気持ちの表れと見るのか、判断に迷う時があります。その時に、お子さんの行動が「共同体感覚」にもとづいたものであるのかどうかを軸に考えてみると、整理がつきやすくなります。

2

アナログゲーム療育の指導

この項では、アナログゲーム療育を実践するうえ
で大切なポイントとなる、ゲーム選びやグループ
決め、指導員の動きについて、解説します。

1）ゲーム選び

● 発達段階に合わせたゲームを選ぶ

お子さんの参加意欲を高め、療育の成果をあげるために最
も大切なのが、発達段階に合わせたゲーム選びです。

「お子さんがゲームに取り組んでくれない」「ルール通りに
遊ぶことができない」といった問題の原因は、たいていお子
さんの発達段階に合わないゲームを選択していることにあり
ます。お子さんの発達段階に合わせたゲームを設定し直すと、

こうした課題がたちどころに解消することが多いです。

　本書では、発達段階に合わせたゲーム選びの目安として、ピアジェの認知発達段階をもとに4段階のステージごとにゲームを紹介してきました。そのステージの中でも難易度の違いがあります。これまで紹介したゲームを難易度順に並べてみましたので、ゲーム選びの参考にしてください。

● 難易度順ゲームリスト

	年齢	難易度順	ゲーム名
ステージ1	1歳半〜2歳	1	① マイファーストゲーム・フィッシング
		2	③ スティッキー
		3	② 楽しい色並べ
		4	④ テディ・メモリー
ステージ2	2歳〜7歳	5	⑤ 虹色のへび
		6	⑥ 雲の上のユニコーン
		7	⑦ レシピ
		8	⑧ メイクンブレイク
		9	⑨ どれの仲間かな？
ステージ3	7歳〜	10	⑪ パカパカお馬
		11	⑱ バウンス・オフ！
		12	⑲ イチゴリラ
		13	⑰ キャプテン・リノ
		14	⑫ インカの黄金
		15	⑬ すすめ‼海賊さん
		16	⑩ ファイアドラゴン
		17	⑭ かたろーぐ
		18	⑯ 私はだあれ
		19	⑳ ナンジャモンジャ
		20	⑮ ヒットマンガ

● 年齢＝発達段階ではない

ステージで示した年齢は、お子さんの平均的な発達段階を想定したものであり、あくまで目安に過ぎません。知的障害のあるお子さんでは、実際の年齢から発達が遅れていることがほとんどですし、知的な遅れのない発達障害のあるお子さんでも認知発達段階の遅れが見られることがあります。

そのため、はじめてのお子さんとゲームをプレイする場合は、まずは年齢から想定されるステージの1つ手前のステージから始め、徐々にレベルを上げていくことで、お子さんの認知発達段階を見極めるのがよいでしょう。

●ゲーム好きの人は要注意

指導者がゲーム選びに失敗している場合、その子にとって難しすぎるゲームを設定していることがほとんどです。そのために、お子さんが先の見通しがつかず不安になったり、ゲームに負けてばかりで意欲を失ってしまっているのです。

お子さんに難しすぎるゲームを選んでしまう傾向は、指導者がアナログゲームのファンだったり、勝負事が好きな男性（家庭では父親）である場合に多く見られます。

指導者自身が、ゲームを楽しむことに本気になりすぎて、対象の子のレベルに合わせるよりも、つい自分がプレイして面白い、難しいゲームを設定してしまうのです。

●適正なレベルをどう見極める？

では、「ほどよく難しい」ことと「難しすぎる」ことは、どう区別すればよいでしょう。

ステージ2までの幼児期のお子さんであれば、ルールを間違えた時指導員の指示で修正ができるかどうかが、目安になります。何度教えてもルール通りできなければ、そのゲームはお子さんにとって難しすぎることになります。

ステージ3に入ると、ルールに従うだけではなく、合理的な判断を行えるかどうかが課題になります。

仮にルール通りにプレイできていたとしても、お子さんがプレイの中で自分が不利になる判断をくり返して、指導者が指摘しても同じようなミスが起こるようなら、その子にとっては難しすぎるゲームなのです。このような状態では、ステージ3の指導目標である客観的思考や他者視点の獲得は望めません。さらに、お子さんは、見通しがつかずに不安になったりゲームに負け続けて意欲を失ったりしてしまいます。

こうした場合、思い切ってステージ2のゲームまでレベルを下げてみましょう。それまでとは打って変わって、お子さんが意欲的に取り組んでくれることが多いです。

２）指導形態

● ステージごとに変わる指導形態

お子さんの発達段階に応じて望ましい指導形態は変わります。以下の表にまとめました。

ステージ1	1歳半〜2歳	個別中心	ルールや勝敗が理解できないため集団は難しい
ステージ2	2歳〜7歳	集団と個別の組み合わせ	集団指導で課題を明らかにし、個別指導で改善
ステージ3	7歳以降	集団中心	他の子どもの動きを見習ったり、どうやったら上手くやれるか議論する

・ステージ1

ステージ1のお子さんは、競争や勝敗の意味がまだ理解できない段階なので、集団のメリットを活かして指導することができません。他の子がプレイしている時間は、本人にとってただ待っているだけの時間です。集団で指導できないこともないですが、退屈したお子さんがゲーム以外の遊びを始めたり離席してしまう可能性が高まります。

そのため、個別指導を原則とし、集団指導を行う場合でも人数は2〜3人程度までに留めるのがよいでしょう。

・ステージ 2

　ステージ 2 では、集団と個別を組み合わせて指導するのが
よいでしょう。ことばや数の理解が進むことで、勝敗や優劣
の意味がわかってくるため、集団の中で一番になりたいとい
うお子さんの意欲を活かして、療育を進めることができます。

　ただし、ことばや数の理解はまだ完全ではないため、ルー
ルを勘違いしたり、数を数えるのを間違えたりすることがあ
ります。こうした場面が度々見られる場合は、個別に指導を
して、苦手な部分を補ってあげることが大切です。

・ステージ 3

　ステージ 3 では、集団指導が中心となります。このステー
ジでは、決められたルールに従うだけでなく、勝利に近づく
ために自分の頭で考え判断を下せることが課題になります。

　個別指導では、どうしても指導者が子どもに教えるだけの
形になってしまい、指示を待つ受け身の姿勢がでてきてしま
います。子ども同士の集団の中で、お子さんの「勝ちたい」「一
番になりたい」という気持ちを活かしつつ、他の子のやり方
を見習ったり、議論し合うことで「どうやったら勝てるか？」
を考えさせることが重要になります。

● 指導の時間

　1回の療育にかける時間は、特に決まりはありません。ただし、お子さんの発達段階により集中できる時間が変わってくるため、大まかな目安として下記の時間を一区切りと考え、間に5〜10分程度の休憩を入れるようにしましょう。

・ステージ2まで……10分〜15分で休憩
・ステージ3前半（小学校中学年まで）……30分で休憩
・ステージ3後半（小学校高学年以上）……60分で休憩

・休憩時間は体を動かす

　ゲームは、座ってじっくりと考えることがほとんどのため、時間が経つほど、お子さんの体を動かしたいという欲求が強まってきます。この傾向は、お子さんの発達段階が低いほど顕著になります。そこで、休憩時間ではトランポリンやバランスボールを用意し、お子さんが体を動かせるようにしてあげることで、次の療育に集中して取り組みやすくなります。

● グループ分け

　本章の冒頭でも述べたように、アナログゲーム療育を成立させるうえで最も重要な条件は、参加するお子さんの発達段階に合わせたゲームを設定することです。必然的に同程度の発達段階のお子さんでグループを組むことになります。

　グループのお子さんたちの中で、発達段階に極端な差があれば、発達段階が手前の子は難しすぎて参加できず、上の子にとっては退屈な時間になってしまうでしょう。とはいえ、集団療育において、参加する全てのお子さんの発達段階を揃えることは現実的ではありません。

　次の事例で述べるように、実は集団を構成するお子さんたちの発達段階に多少バラツキがあった方が、発達が進んでいる子が後にいる子を引っ張るペースメーカーとなって、成長が促されることもあるのです。全体としては、お子さんの発達段階を揃えることにあまり神経質にならなくてよいのです。

　目安としては、集団の発達段階がプラスマイナス2学年以内に収まるよう、集団を組むとよいでしょう。

療育のキー概念
「最近接発達領域」

● 「最近接発達領域」

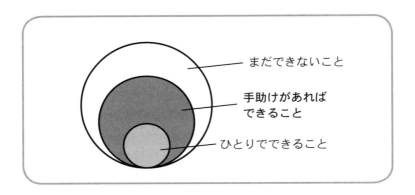

　ゲーム選びやグループ分けをする時に意識しておきたいのが、「最近接発達領域」という考え方です。旧ソビエトの教育心理学者レフ・ヴィゴツキーが提唱した概念で、「子どもひとりではできないが、年長者や大人の手助けがあれば達成できる程度の領域」を指します。
　お子さんが理解できないようなゲームを設定したら、当然、お子さんは参加してくれません。他方で、お子さんだけで遊べてしまうゲームもレクリエーションとしてはよいものの、お子さんの成長を促す療育課題としては、やや簡単すぎることになります。

療育としてゲームに取り組むなら、対象となる発達段階の子だけではプレイできないけれども、指導者が適宜アドバイスしたり、年長のお兄さんお姉さんがお手本代わりになってくれることで、その子がちょっと"背伸び"をしてプレイできるレベルのゲームが最適なのです。その"背伸び"が発達につながります。

年長児が小さな子の成長を促す

● 興味津々の子どもたちが一瞬で静かに……

　6歳のお子さん3人と、その子たちの7〜8歳の兄姉2人の計5人で、「私はだあれ」（P102）を遊んだ時のことです。
　「私はだあれ」の可愛らしい動物カードを見た子どもたちは「うわー面白そう！」「これどうやるの？」と興味津々。
　ところが、「それでは始めます。質問したい人は手をあげてください。どうぞ！」と私が言うと、それまでの様子から一転、6歳児たちは水を打ったように静かになってしまいました。戸惑った様子で、お互いに顔を見合わせています。子どもたちを見て、お母さんたちも「さっきまでの元気はどうしたのかしら……」と苦笑いです。
　「おや、みんな静かになっちゃった。どうしたのかな？誰か手をあげて質問してみよう」、そう私が促すと、恐る恐る6歳のTくんが手をあげました。

「おっTくん、質問どうぞ！」と指名したところ、Tくんは手をあげたまま「……？？……？？」と、止まってしまいました。しばらく様子を見て、質問を発することが難しいようなので、「じゃあ質問考えたらまた手をあげてね」と伝えました。

● 年長者を真似る

ここで活躍したのが、小学生のお兄さん、お姉さんです。「くちばしはありますか」「しっぽはありますか」など、的確な質問を発して正解を突き止めることができました。

お兄さんお姉さんたちが正解した次のお題で、6歳のTくんは再び手をあげました、「くちばしはありますか」と、さきほどお姉さんがした質問を真似てきました。

答えは、「はい」。それを聞いたTくん、近くにあったカラスのカードを取りにいきました。残念お手つき。正解は、ニワトリでした。

実は、くちばしのある動物は、カラス以外にニワトリとツルがいるのですが、Tくんは最初に目に入ったカラスを取りにいってしまったのです。

　これと似た行動は他の年長児にも見られました。例えば、「耳はありますか」という質問に「はい」と返って来たのを聞き、ウサギのカードを取ってお手つきになってしまう子がいました。耳のある動物は、他にイヌ、ネコ、ネズミ、リスなど多数いるのに、正解が絞り切れないうちに耳が特徴的なウサギを取りにいってしまったのです。

● 子どもたちは学ぶ

　年長のお子さんたちにとっては、「与えられたヒントに合う動物を選ぶ」ことはできても、「複数の正解候補の中からひとつに絞り込む」のは、まだ難しいことがわかります。

　それでも、子どもたちは学びます。ゲーム後半、「くちばしはありますか」という質問に「はい」という答えが返ってきました。それを聞いたTくんが、3度手をあげ「そのくちばしは、長いですか」と重ねて質問しました。

「はい」という返答を受け、Tくんはツルを取りました。正解です。カラス、ニワトリ、ツルの中で、くちばしが一番長いのがツルなのです。

3度目の正直でついに正解にたどり着いたTくんは、満面の笑みでした。

● 「最近接発達領域」に合わせた課題を設定する

30分に満たないゲームの中で、6歳のTくんは「よくわからないけどとりあえず手をあげる」ことに始まり「他者の質問を真似る」段階を経て、最後は「正解を絞る質問を発する」ところにまでたどり着きました。

5～6歳のお子さんだけで、「私はだあれ」を遊んだとしたら、最初そうだったように誰も質問しない状態が続いてしまい、ゲームが進まなかったでしょう。

今回は、大人である私がゲームの司会進行をつとめ、また、お姉さんたちがお手本を見せたことで、年長組の子どもたちは、自分が何をすればよいのか見通しがつき、最後には正解に至る質問を発することができました。

このように、「1人ではできないが、他者の助けがあれば達成できる」最近接発達領域に合わせた課題を設定することで、お子さんの力を上手く伸ばすことができるのです。

3）指導員の配置

● 集団療育は原則2名体制

アナログゲーム療育では、ステージ1の個別療育は子ども1人につき指導員1名、ステージ2以降の集団療育ではお子さんの人数に関わらず、1つのグループに指導員2名がつくことを原則としています。この2名の指導員は、「メイン」と「サブ」に分かれます。

・メインの役割：
　ゲームの準備／ルールの説明／ゲームの司会進行
・サブの役割：
　順番以外のお子さんの理解度や集中度をチェック／理解が難しかったり、不安を感じているお子さんへの個別の声かけ、対応／感情的になってしまった子に、ゲームの輪から離れた場所で対応

サブは、お子さんの特性に合わせた臨機応変な対応が要求
されます。そこで、経験の浅いスタッフはメインに、ベテラ
ンはサブに配置します。経験の浅いメインは、司会を通じて
ゲームのルールを覚えるとともに、それぞれのお子さんの様
子や対応を、ベテランであるサブの動きを見ながら学びます。

● メインの役割 － 司会に徹する

1：準備は早めに

　ゲームの準備は、お子さんが席に座る前にできるだけ終わ
らせておきましょう。ゲームの中には準備が整うまでに数分
かかるものもあり、お子さんが席に座ってから準備を始める
と、その間にお子さんの集中が切れ、離席をしたり他の子に
ちょっかいを出すなどの行動が出がちです。

2：まずは触らせる

　ゲームの中にはカラフルなコマや宝石など、お子さんが触
りたくなってしまうものがたくさん入っています。そのため、
テーブルに拡げたゲームを目にしたお子さんは、コマや宝石
を手に取ろうとするでしょう。

　この時は、無理に制止せずにしばらくお子さんが自由に
ゲームの内容物に触れる時間をとります（1〜2分程度）。

　ステージ1で解説したように、小さなお子さんは色や音、
触感などの感覚刺激に強い興味を持っています。その興味は、

学齢期になっても残ります。

　まずは、内容物を存分に触らせてあげることで、こうした感覚刺激への欲求を満たしてあげます。その後にルールの説明を始めれば、すでに欲求が満たされたお子さんは集中してそれを聞くことができます。

　３：ストーリーを説明する

　ゲームの説明書には、そのゲームの背景のストーリーが描かれていることが多いです。はじめてゲームに取り組むお子さんがいる時は、そのストーリーを読み上げてあげましょう。

　例えば「インカの黄金」であれば「あなたは冒険者仲間とともにインカ時代の神殿を探検しています。目指すは出土するトルコ石、黒曜石、そして金です！」といった具合です。がぜん臨場感が増し、参加意欲と集中力が高まります。

　４：ルールの説明は必要最小限

　発達障害のあるお子さんの多くが苦手とするのが、落ち着いて指導者の話を聞くことです。長々と説明したのでは、お子さんは最後まで話を聞き続けることが難しいでしょう。

ルールの説明はゲームの進行に必要な範囲で、最小限に留める必要があります。目安として、幼児以下では冒頭の説明の時間は1分以内、学齢期でも2分以内に収めるようにしたいところです（ストーリーの読み上げの時間は除く）。

そのため、冒頭の説明ではゲームの目的（何ができたら勝ちなのか）と手段（自分の番で何をするのか）を端的に説明するに留め、すぐにプレイを開始してしまいます。その他の情報は、必要になった時にその都度説明すればよいのです。

5：指示やアドバイスは最小限（ステージ3）

ステージ3以上のお子さんの場合、子どもが、自分が何をすればよいか考えている最中に、指導員が「○○ちゃん、次はこうするんだよ」と先回りして教えてしまうと、お子さんは「指導員の指示に従えばよい」と思い込んでしまい、考える練習になりません。

指示は、それをしなければゲームが進まなくなったり、お子さんが極端に不利になってしまうのではない限り控えるようにします。もし、お子さんが毎回のように誤った判断をし、その都度指示を出さなければならないとしたら、設定したゲームが難しすぎるので、1つ手前のステージに戻ります。

6：淡々とゲームを進行する

メインの指導員が最も陥りがちな失敗は、個々のお子さんへの対応に気を取られてしまい、ゲーム全体の進行がおろそ

かになってしまうことです。

　例えば、トラブルを起こしたお子さんを延々注意して、ゲームの進行を止めてしまったり、質問をくり返すお子さんに答えて、その度にゲームが中断してしまうようなことです。

　こうしたことが度々起こると、他のお子さんが退屈してしまい、別の子がちょっかいを出したり、離席したりし、その新たなトラブルに対応しているうちに、また別の子が……といったように、集団の秩序が崩れてしまうのが典型的な指導失敗のパターンです。

　そのため、メインはあくまでゲームの司会に徹し、個別対応はサブに任せることが大切です。トラブルを起こした子がいても、その子への対応はサブに任せ、メインは淡々とゲームを進行します。

　お子さんからの質問についてもそれが全体にとって必要な内容だった場合には答えるべきですが、すでに説明した内容であったりゲームと関係ない質問であればメインは答えず、サブが代わりに答えます。

サブの役割 − サブは難しい

１：自分の番ではない子に注目する

ゲーム中、サブは順番を待っているお子さんたちに注目しましょう。ルールや戦略がわからず不安そうにしている子がいたら声をかけてわ

からないところを教えてあげ、退屈している子がいたら次の順番でどんな手を取ればよいか、一緒に考えてあげましょう。

また、自分の順番が終わった子に「今のは上手くいったね！」、失敗した子には「残念！次はがんばろう」と、賞賛や励ましのことばをかけてあげることも大切です。

サブは、かなり意識していないと、ゲームの進行に気を取られてしまいます。そうなると、ルールが理解できていなくて不安になっていたり、集中が切れかかっている子を見逃してしまいます。

サブはお子さんと一緒にゲームの世界にどっぷり浸かりすぎず、常に一歩離れた視点から集団全体を見渡すようにしましょう。

2：お子さんのすぐ後ろに座る：

他方で、「サブが子どもたちのゲームの輪から遠いところに座り込んでただ全体の様子を眺めているだけ」という場面がよく見られます。これでは、お子さんの手元の様子も見えませんし、お子さんが他の子を叩こうとした時などに、とっさに止めに入ることができません。

サブは、子どものすぐ後ろに座るようにしましょう。テーブルの大きさに余裕があるなら、子どもたちと一緒の輪に加わるのもよいです。

とはいえ、サブの役割は個別対応ですから、どっかり座り込んでしまうのではなく、対応が必要な子がいたらすぐその

子の近くに動いて行く心持ちが必要です。

3：感情が激した子は別室に移動させる：

　ゲームに負けてしまったり思い通りにできなかったりして、大泣きしたり、怒りを露にしている子は、一旦ゲームの輪から外し、静かなスペースに連れていき、そこで気持ちが落ち着くのを待ちます。

　泣いたり怒ったりしている子がいる時、指導員が他の子もゲームをしている場でそのまま注意をしたり気持ちを聞い

ている場面がよく見られますが、他の子の気持ちがそちらにそれて集中が難しくなるので避けるべきです。

　静かなスペースに連れていったあとは、お子さんの気持ちが落ち着くのを待ちます。この時、無闇に気持ちを聞いたり注意をしたりすると、かえってお子さんの気持ちが混乱しがちです。「気持ちが落ち着いたら、元のお部屋に戻ってください」と端的に伝え、お子さんが自分で部屋を出ていくのを待ちます。

「二重丸のコミュニティ」という考え方

● 指導者のジレンマ

　集団の中にルールをわざと守らないお子さんがいたり、感情を激するお子さんがいる時の対応について、前者はP125で説明した「カジノの黒服対応」、後者は先に説明したように場所を移しますが、この時指導者はひとつのジレンマと向き合うことになります。

　「集団内にルールを破ったり泣きわめいているお子さんがいたのでは療育を進めることができないが、かといってその子を集団から外してしまっては、その子の療育ができなくなる」というジレンマです。

　このジレンマには、「二重丸のコミュニティ」という考え方が有用です。まず、ゲームに取り組んでいる子どもたちの輪があり、その外側にさらに大きな教室全体の輪を考えます。

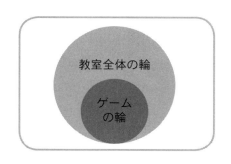

内側のゲームの輪において、ルールが守れなかったり他の子に迷惑をかけてしまう子は、残念ながら輪の外に出てもらう必要があります。

しかし、その場合でも教室全体としてその子を排除するわけではありません。その場合は、サブの指導員がその子に付き添い、気持ちを切り替えて元いた輪に戻ったり、別のゲームの輪に参加することをサポートします。あるいは、その日は指導員と2人で過ごすだけのこともあるでしょう。いずれにしても、お子さんの自然な気持ちを大切にします。

● お子さんの行動に合わせた対応

元いたゲームの輪に戻りたい：戻ったお子さんが、ゲームの秩序を崩さないことが条件になります。「ルールを破らないでゲームできますか？」「負けても泣いたり怒ったりしないでいられますか？」と問いかけ、お子さんが約束できれば輪に戻してよいでしょう。

別のゲームやアクティビティをやりたい：お子さんが、「ゲームでは上手く振るまえなかったけれど、別のゲームやアクティビティなら楽しめるかもしれない」という気持ちが表れていることがあります。

そのポジティブさを活かし、教室の都合が許す範囲でお子さんの希望に合わせてみましょう。そのうえで、どんなゲームやアクティビティを選ぶのかに注目します。たいていは、先にプレイしていたゲームよりも簡単なゲームやアクティビ

ティを選ぶことが多いです。その場合、先のゲームはお子さんにとって難しすぎたのかもしれません。

　次の療育では、もっと発達段階が手前のお子さんのグループに入れ、簡単なゲームで遊んでみましょう。きっとスムーズに遊べるはずです。本来のレベルよりやや低めのグループで安心して遊び、自信がついてきたら本来の実力のグループに戻します。

　何もやりたくない：指導員と2人きりになっても、お子さんがずっと泣いていたり、怒ってばかりで、テコでも動かない時もあります。

　その時は、じっと側に寄り添ってあげましょう。特別な何かをする必要はありません。自分が失敗して輪から外れても、寄り添ってくれる人がいることがお子さんに伝わればよいのです。その安心感が次回の参加意欲となります。次回は、2つ目の場合と同じように、簡単なゲームをプレイさせ、安心してゲームを楽しむ経験を積ませてあげましょう。

中高生・成人期のアナログゲーム療育

～あとがきに代えて～

アナログゲーム療育は、現在、中高生が通うチャレンジスクールや、障害のある成人の方が通う就労移行支援施設においても実践されています。そこで行われているアナログゲーム療育「ステージ４」は、複雑・多様化する社会で求められる臨機応変なコミュニケーション能力を身に付けることを目的としています。

・心理面の課題が顕著に

年齢が高くなると、発達障害の典型的な症状は減弱してきますが、相対的に過去にいじめや叱責を受けた経験、あるいは学校や職場での失敗が重なった経験から、集団に参加したり、人と関わることへの恐れや不安といった心理面の課題が顕著になってきます。そうした方には、第２部で説明したようにビジュアルに訴える単純なゲームで無理のない集団参加を促すことが有効です。一旦ゲームの輪に入れると、ゲームを楽しむ過程で自信を回復し、人と関わる勇気の獲得へとつながっていきます。

能力面においては、ステージ３の目標の「他者視点の獲得」が引き続き課題となります。年齢を重ねた分の成長はありながらも、その分人間関係も複雑になっており、相手の立場や心情の想像が追いつかず、対人関係やコミュニケーションの

トラブルに発展している場合があります。こうした方には、本書で紹介した「ヒットマンガ」や「かたろーぐ」のようなゲームで、自分と他者との見方の違い、考え方の違いに気付いてもらうとともに、交渉するゲームなどで、相手の立場を想像しながら行動する練習を行っています。

・対等な関係が重要に

　こうした経験の中で気付いたことは、就労で必要となる「臨機応変なコミュニケーション能力」は、指導者の指示に従うだけでは身に付かず、対等な関係の中で相手と積極的に関わることで身に付くということです。対等な関係においては、一方がもう一方の意にそぐわない要求はできず、全てがお互いの合意形成によって決まっていきます。合意形成を疎かにして無理を通そうとすれば、相手に関係を解消されてしまうかもしれません。

　そうならないためには、本書で紹介したような相手の立場や意図を想像したり、先の見通しを立てて行動することが必要になるのです。

　一人ひとりのプレイヤーが対等な立場で関わり合うアナログゲームは、その練習をするうえで大変適したツールであると感じています。この楽しく学びに満ちたツールが、皆さんの療育実践の一助となることを心から願っています。

2018 年 6 月　松本 太一

本書に登場したアナログゲームが買えるお店

みんなで楽しめる
ボードゲームの店
すごろくや

子ども向けから大人向けまで、数多くのゲームを取り揃えるボードゲーム専門店です。私が、アナログゲームと出会ったきっかけのお店でもあります。近所にあるプレイスペース「す箱」では、毎月アナログゲーム療育講座を開催しています（2018年現在）。ホームページより、通信販売でも購入できます。

高円寺店（本店）　東京都杉並区高円寺北 2-3-8 日光ビル 2 階
神保町店（2 号店）　東京都千代田区神田神保町 2-3 神田古書センター 7 階
・電話（共通）　03-5327-4568
・ホームページ　https://sugorokuya.jp
・メール　contact@sugorokuya.jp

子どもの本とおもちゃ
百町森
（ひゃくちょうもり）

絵本、おもちゃ、そしてゲームと、子どもたちが大好きなものが一杯詰まったお店です。お店を訪れれば、赤ちゃんから大人までが楽しめるでしょう。ゲーム会や保護者・支援者向け研修会を随時開催しています。電話、FAX、ホームページより通信販売でも購入できます。

静岡県静岡市葵区鷹匠 1-14-12
ウインドリッヂ鷹匠 1F
・TEL　054-251-8700　FAX　054-254-9173
・ホームページ　http://www.hyakuchomori.co.jp
・メール　shop@hyakuchomori.co.jp

● 参考文献

第1部
- 「ピアジェの教育学－子どもの活動と教師の役割－」
  ジャン・ピアジェ著（三和書籍 2005）
- 「知能の誕生」
  ジャン・ピアジェ著（ミネルヴァ書房 1978）
- 「臨床児童心理学Ⅲ－児童道徳判断の発達－」
  ジャン・ピアジェ著（同文書院 1957）
- 「教育の未来」
  ジャン・ピアジェ著（法政大学出版局 1982）
- 「ピアジェの発達心理学」
  波多野完治著（国土社 1965）
- 「ピアジェの児童心理学」
  波多野完治著（国土社 1966）
- 「自閉症治療の到達点 第2版」
  太田 昌孝／永井 洋子／武藤 直子編（日本文化科学社 2015）
- 「発達支援と教材教具－子どもに学ぶ学習の系統性－」
  立松英子著（ジアース教育新社 2009）
- 「教育心理学講義」
  レフ・セミョーノヴィチ・ヴィゴツキー 著（新読書社 2005）
- 子どものための精神医学
  滝川一廣著（医学書院 2017）

第2部
- 「アドラー心理学入門－よりよい人間関係のために－」
  岸見一郎著（ベストセラーズ 1999）
- 「教育困難な子どもたち」
  アルフレッド・アドラー著（アルテ 2008）
- 「個人心理学講義－生きることの科学－」
  アルフレッド・アドラー著（アルテ 2012）
- 「勇気づけて躾ける－子どもを自立させる子育ての原理と方法－」
  ルドルフ・ドライカース他著（一光社 1993）

＊順不同

松本 太一 （まつもと たいち）

1980 年、東京都生まれ。東京学芸大学大学院教育学研究科障害児教育専攻卒業。教育学修士。在学中は、自閉症児治療教育法のひとつ「太田ステージ」開発者である太田昌孝の指導のもと、発達障害児を対象としたソーシャル・スキル・トレーニングの実践研究を行う。

　卒業後、福祉団体や人材紹介会社で成人発達障害者の就労支援に携わる。その後、放課後等デイサービス職員として障害児療育に従事。カードゲームやボードゲームを用いて発達障害児のコミュニケーション力を伸ばす「アナログゲーム療育」を開発する。2015 年 6 月に独立。

　現在は、フリーランスの療育アドバイザーとして、放課後等デイサービスや就労移行支援施設で「アナログゲーム療育」を実践する他、全国各地で研修を開催している。

ウェブサイト「アナログゲーム療育のススメ」

http://www.gameryouiku.com/

You Tube「松本太一の遊びと育ちチャンネル」

DVD

・アナログゲーム療育　全 4 巻（ジャパンライム）

・放課後等デイサービス研修　全 4 巻（ジャパンライム）

イラスト：まうどん

アナログゲーム療育
コミュニケーション力を育てる ～幼児期から学齢期まで～

著　者　　松本　太一

初版印刷　2018 年 7 月 15 日

5 刷印刷　2025 年 1 月 15 日

発行所　　ぶどう社

編集担当／市毛さやか

〒 104-0052　東京都中央区月島 4-21-6-609

TEL 03（6204）9966　FAX 03（6204）9983

ホームページ　http://www.budousha.co.jp

印刷・製本／モリモト印刷　用紙／中庄